Reclam Literaturunterricht

Sachanalysen. Stundenverläufe. Arbeitsblätter

Theodor Storm
Der Schimmelreiter

Von Nicola Mitterer

Reclam

Abkürzungen und Symbole

EA Einzelarbeit
PA Partnerarbeit
GA Gruppenarbeit
UG Unterrichtsgespräch
LV Lehrervortrag
SV Schülervortrag

* Kennzeichnung eines zusätzlichen Arbeitsauftrags bzw. Unterrichtsschritts auf erhöhtem Niveau (für Binnendifferenzierung)
HA Hausaufgabe

Verweis auf die zugehörige Ausgabe:
Theodor Storm: Der Schimmelreiter. Novelle. Hrsg. von Sabine Wolf. Stuttgart 2014 [u. ö.]. (Reclam XL. Text und Kontext. 19158.)
Stellenangaben mit Seiten- (und Zeilen)zähler beziehen sich auf diese Ausgabe.

Code für editierbare Arbeitsblätter und Vorlagen

Alle für den Unterricht benötigten *Arbeitsblätter* und *Vorlagen* (Bilder und Texte) sind digital auf der Webseite **www.reclam.de/lehrer_schimmelreiter** zum Download verfügbar. Bitte geben Sie folgenden Code ein:

SFEMFfM3

Reihenkonzept: Max Kämper

Reclam Literaturunterricht | Nr. 15809
2021 Philipp Reclam jun. Verlag GmbH,
Siemensstraße 32, 71254 Ditzingen
Druck und Bindung: Elanders GmbH,
Anton-Schmidt-Straße 15, 71332 Waiblingen
Printed in Germany 2021
RECLAM ist eine eingetragene Marke
der Philipp Reclam jun. GmbH & Co. KG, Stuttgart
ISBN 978-3-15-015809-8
www.reclam.de

Inhalt

Vorbemerkung

Theodor Storm gilt als einer der herausragenden deutschsprachigen Autoren des Realismus und ist als solcher aus dem Literaturunterricht nicht wegzudenken. Solche literarhistorischen Zuschreibungen werden der Komplexität seiner Erzählkunst aber bei Weitem nicht gerecht. Der Grund für die anhaltende Beliebtheit seines Werks ist vielleicht vor allem in der Verbindung eines Erzählens zu suchen, das von einer einzigartigen Landschaft, ihren Menschen und Geschichten tief geprägt ist, dabei aber immer von existenziell Bedeutsamem berichtet. Das Ineinanderfließen dieser beiden Dimensionen zeigt sich gerade in seinem Spätwerk, insbesondere in der Novelle *Der Schimmelreiter*, in Vollendung und kommt sowohl auf inhaltlicher als auch auf formaler Ebene zum Ausdruck. Als ihren eigenen literarischen Ausgangspunkt nennt die Novelle eine Sage, und diese regt wie das dargestellte Geschehen zum Nachdenken über die Verbindungslinien zwischen Vergangenem und Gegenwärtigem an. Der *Schimmelreiter* kann als Teil einer ästhetischen Erinnerungskultur gelesen werden, die sich mit ihren eigenen Bedingungen auseinandersetzt und in der Gegenüberstellung eines kühl-rationalen, forschenden Geistes und einer in ihren Traditionen fest verwurzelten, emotionsgeleiteten Gesellschaft Schülerinnen und Schülern auch gegenwärtig höchst brisante Fragen aus der historischen Distanz heraus zugänglich macht. Die drei kunstvoll ineinander verschachtelten Erzählebenen, die den Text in formaler Hinsicht prägen, werfen Fragen nach den Entstehungsbedingungen und der allgemein-menschlichen Bedeutsamkeit von Literatur auf, die für den Literaturunterricht von hoher Relevanz sind. Nicht zuletzt ist der *Schimmelreiter* in jeder seiner Dimensionen auch eine Geschichte über ethische Fragen, etwa jener nach Schuld, Gerechtigkeit und den Abgründen einer Wissenschaft ohne Empathie. Das alles findet sich bei Theodor Storm erzählerisch eingebettet in eine unheimliche Atmosphäre, die den Text auch heutigen Lesern und Leserinnen zu einem spannenden Leseereignis werden lässt.

Benutzungshinweise

Der Band enthält sechs aufeinander aufbauende Unterrichtsstunden und zwei Klausuraufgaben mit Lösungsvorschlägen.

Jeder Entwurf einer Unterrichtsstunde besteht aus zwei Teilen:

- **Sachanalyse** mit einem praxisorientierten, auf den Unterrichtsverlauf bezogenen Interpretationsangebot
- **Unterrichtsverlauf** mit (a) kurzem Überblick über Thema und Ziel, (b) den Unterrichtsschritten in tabellarischer Übersicht und (c) ausführlichen Erläuterungen zu den einzelnen Unterrichtsschritten

Jede Unterrichtsstunde bietet alle für den Unterricht benötigten Materialien:

- kopierfähige **Arbeitsblätter** (ggf. mit Lösungsvorschlägen im Anhang)
- **Vorlagen** (Bilder oder Texte)
- **Tafelbilder** (Vorschläge für die mediale Präsentation)

Die Unterrichtsstunden enthalten an allen geeigneten Stellen Hinweise für

- einen möglichen **verkürzten Verlauf** (als fakultativ gekennzeichnete Unterrichtsschritte)
- eine mögliche **Binnendifferenzierung** (die entsprechenden Arbeitsaufträge auf erhöhtem Niveau sind mit einem Asterisk * gekennzeichnet)

Textgrundlage ist die Ausgabe:

Theodor Storm: Der Schimmelreiter. Novelle. Hrsg. von Sabine Wolf. Stuttgart 2014 [u. ö.]. (Reclam XL. Text und Kontext. 19158.)

Seitenangaben beziehen sich auf diese Ausgabe.

Hinweis: Die Reihe *Reclam Literaturunterricht* achtet auf gendergerechte Sprache. Aus Gründen der Lesbarkeit wird in seltenen Fällen davon abgewichen, immer sind aber alle Geschlechter gemeint.

1 Die Erzählebenen erkennen und die Bedeutung von Fiktion und Wirklichkeit erfassen

Sachanalyse

Theodor Storms Alterswerk *Der Schimmelreiter* ist stärker von seiner Erzählweise als von der gattungstypologischen Zuordnung bestimmt, hat doch der Autor selbst in einem Brief an den mit ihm befreundeten Ferdinand Tönnies am 7. April 1888 angemerkt, dass die Geschichte nicht unbedingt als Novelle bezeichnet werden müsse.[1] Die Vorgehensweise, sich der Erzählung über die Art, wie sie erzählt wird, anzunähern, ist auch deswegen ratsam, weil die Schülerinnen und Schüler gerade den Einstieg in den *Schimmelreiter* auf Grund des Auftretens einer extradiegetischen (des ersten anonymen Ich-Erzählers) und zweier, wiederum voneinander sehr verschiedener, intradiegetischer Erzählinstanzen (des anonymen Ich-Erzählers, der dem Schimmelreiter selbst begegnet und des alten Schulmeisters, der die metadiegetische Erzählung einbringt)[2] auf den ersten Seiten als schwierig empfinden können. Andererseits ist es gerade diese erzähltechnische Herausforderung, die in dieser Novelle auf außergewöhnliche Art und Weise zwischen Form und Inhalt vermittelt. Folglich ist die Auseinandersetzung mit dieser Dimension des Gelesenen bereits als Hinführung zu thematischen Kernaspekten des Textes zu verstehen. Der Protagonist der Binnenerzählung, Hauke Haien, lässt sich als eine Figur verstehen, die in schicksalhafter Weise zwischen der Gegenwart eines bereits von der Aufklärung erfassten und auf den Gebieten naturwissenschaftlichen und technischen Wissens fortgeschrittenen Jahrhunderts und der abergläubischen Furcht seines sozialen Umfelds gefangen ist. Die Erzählweise Storms spiegelt diesen Konflikt wider, denn sie setzt qua Erzählinstanzen drei ganz unterschiedliche Perspektiven ins Recht.

Im *Schimmelreiter* sind insgesamt drei erzählerische Rahmen erkennbar, deren äußerster in den ersten Zeilen des Romans explizit Erwähnung findet. Es ist dies die Szene bei der Urgroßmutter, in der der Urenkel, nunmehr (ein halbes Jahrhundert später) längst erwachsen, in den 1830er Jahren eine in einer Zeitschrift entdeckte Erzählung liest. Diese Geschichte bringt einen neuen Erzähler mit sich, der die innere Rahmenerzählung strukturiert und den 1820er Jahren zuzuordnen ist. Die von diesem wiedergegebene Binnenerzählung, die Hauke Haiens Leben von der frühen Kindheit bis zum Tode umfasst, macht den größten Teil des Textumfangs aus und ist in der Zeit um 1750 anzusiedeln. Alle drei Erzählebenen lassen – auf je unterschiedliche Weise – eine die Erzählinstanzen offensichtlich emotional erschütternde, letztlich nicht zu klärende Auseinandersetzung mit der Frage nach dem Verhältnis zwischen Fiktion und Wirklichkeit erkennen. Der anonyme Erzähler, der im Text als Erster auftritt, von den Geschehnissen um Hauke Haien zeitlich aber am weitesten entfernt ist, kommt augenblicklich auf die Frage nach dem Wahrheitsgehalt der bei der Urgroßmutter gelesenen Geschichte zu sprechen. In seinem – ebenfalls fiktiven – Dialog mit den Leserinnen und Lesern gesteht er ein, dass er nicht als ein Bürge dieser Geschichte gelten kann, die ihn auf tiefgreifende Weise erschüttert und beschäftigt habe. Die Erzählinstanz der inneren Rahmenerzählung ist insofern der Geschichte näher, als sie selbst ein Zusammentreffen mit dem Schimmelreiter erlebt hat und dessen Existenz von den Einwohnern des Dorfes, die er anschließend im Wirtshaus trifft, bestätigt wird. Hauke Haien schließlich, der selbst nicht als Erzählinstanz auftritt, sondern lediglich ›erzählt wird‹, ist auch als literarische Figur der Frage nach Fiktion und Realität am stärksten ausgeliefert. Sein Leben besteht aus der Abwehr abergläubischer Erzählungen, die die Dorfbewohner über den Dammbau, den Schimmel, den er besitzt, und ihn selbst verbreiten. Wiewohl Hauke als jene Instanz auftritt, die sich vom »Geschwätz« der Leute nicht leiten lassen möchte, wird seine Biografie zuletzt zur Bestätigung der Legende von der Unheil bringenden Wirkung des Schimmels, dem Aberglauben, man müsse einem haltenden Damm »was Lebiges« (106,30 f.) einverleiben und der Annahme der Dorfbevölkerung, er selbst, Hauke Haien, sei von Gott abgefallen und stünde deshalb nicht mehr unter dessen Schutz. Bei aller Nähe, die der Leser und die Leserin im Laufe der Lektüre durch die erzählerische Vermittlung des Schulmeisters zur Hauptfigur entwickeln, steht somit am Ende der Binnenerzählung die von Beginn an hörbare Frage im Raum, wie es denn nun bestellt sei um dieses Verhältnis zwischen Fiktion, einer schwer auszumachenden Wahrheit und der Wirklichkeit, die offensichtlich unscharfe Ränder aufweist.

Gerade der Einstieg in den Text und das Erkennen der Erzählebenen muss didaktisch sensibel angeleitet werden. Eine besondere Rolle kommt hier dem Vorlesen zu, das auch noch in höheren Schulstufen und sogar in der Hochschulbildung praktiziert werden sollte,

1 Hans Wagener, *Erläuterungen und Dokumente. Theodor Storm: »Der Schimmelreiter«*, Stuttgart 2001, S. 53.

2 Vgl. Gérard Genette, *Die Erzählung*, München [2]1998, S. 162 ff.

ist doch dessen herausragende Bedeutung für das literarische Lernen spätestens seit den Studien des Heidelberger Kreises um Gerhard Härle wissenschaftlich belegt. Die Essenz dieser Studien zum literarischen Gespräch und der Bedeutung des Vorlesens wird etwa an folgendem Zitat erkennbar: »Erhört wird die Anrede, die vom literarischen Text ausgeht, jener, mit Hegel zu sprechen, Schrift gewordenen Rede. Erst mit dem Erhören kann das Verstehen beginnen: Verstehen entsteht im Dialog aus Klang und Resonanz«.[3] Die Praxis des Unterrichtens hat bisher kaum auf diese Erkenntnisse reagiert, dabei ist gerade der Einstieg in literarische Texte durch ein solches Vorgehen von der einsamen Auseinandersetzung mit einem sprachlich oft schwierigen Text entlastet und kann in seiner Struktur wahrgenommen werden. Die Einzellektüre hingegen lässt häufig die Suche nach Worterklärungen zum vorrangigen Ziel der Rezeption werden, der Text verliert dadurch an Kohärenz und wird von Anfang an fragmentiert.

3 Gerhard Härle, »Klang – Beziehung – Gespräch. Von den Anfängen des literarischen Lernens«, in: *Literarisches Lernen im Anfangsunterricht*, hrsg. von Anja Pompe, Baltmannsweiler 2012, S. 19.

Unterrichtsverlauf

Überblick. Die Schülerinnen und Schüler nähern sich dem Text noch ohne Kenntnis des Gesamtzusammenhangs an und konzentrieren sich zunächst auf die unterschiedlichen Erzählebenen und deren Bedeutung im Kontext von Fiktion und Wirklichkeit. In der Zusammenschau mit den danach erarbeiteten Erzählebenen gelangen die für die Novelle grundlegenden Themen Fiktion, Wirklichkeit und Wahrheit in den Blick. Im Zentrum der Aufmerksamkeit stehen dabei zunächst die drei Erzählinstanzen und deren »Erzählmoral«, wie sie in den Anfangssequenzen des Textes verhandelt wird. Die erste Stunde endet mit einer kurzen Vorstellung des literarischen Realismus. So wird die Bedeutung von Fiktion und Wirklichkeit abschließend noch im Rahmen der Epoche, der Theodor Storms Werk zugerechnet wird, kontextualisiert. Insgesamt sollte die erste Unterrichtsphase zu einem globalen Verständnis der Erzählweise dieses Textes beitragen und die Grundlage für eine Einlassung auf spezifische Themen, die dort verhandelt werden, legen.

Die Methodik dieser Einheit basiert auf der Annahme, dass die Schülerinnen und Schüler einem ihnen noch unbekannten Text begegnen, d.h. der erste Auftrag zur häuslichen Lektüre erfolgt erst nach Unterrichtsschritt 1.3, die weiteren Aufträge erfolgen stundenweise und werden als Voraussetzung in der Tabelle genannt. **! Verkürzter Verlauf: 1.1 – 1.2 – 1.4**

Phase	Thema	Sozialform	Kompetenzen und Lernziele	Materialien
Voraussetzungen: keine				
1.1	Texteinstieg: Vorlesen	LV	• Globales, sinnliches Erfassen der Geschichte und des ihr zu Grunde liegenden Erzählmusters	TAFELBILD 1 ➤ S. 7
1.2	Erkennen der Erzählebenen	PA / UG	• Erzählebenen erkennen und deren Funktion bewusst wahrnehmen können	ARBEITSBLATT 1a ➤ S. 14 VORLAGE 1a ➤ S. 8
1.3 **fakultativ**	Fiktion, Wirklichkeit, Wahrheit	EA / UG	• Den Zusammenhang von Fiktion, Wirklichkeit und Wahrheit reflektieren	VORLAGE 1b ➤ S. 10 f.
1.4	Das Erzählerverhalten und seine Wirkung auf die Leserschaft	EA / PA / UG	• Die Rolle der Erzählinstanzen erkennen und nachvollziehen können	ARBEITSBLATT 1b ➤ S. 15
1.5 **fakultativ**	*Der Schimmelreiter* als eine Erzählung des Realismus	LV / UG	• Den Realismus als literarische Strömung kennen lernen	VORLAGE 1c ➤ S. 12
HA	Lektüre der Novelle bis S. 40			*Schimmelreiter*, Reclam XL, 10,28–40,20

1.1 Texteinstieg: Vorlesen

Unterrichtsschritt. Die Lehrperson liest der gesamten Lerngruppe den Textanfang (*Schimmelreiter*, Reclam XL, 3,1–10,27) laut vor. Danach werden die Schülerinnen und Schüler aufgefordert, Begrifflichkeiten, die ihnen unklar waren und die sie auch nach der Gesamtlektüre des Textanfangs als eine Verständnishürde begreifen, an die Tafel zu schreiben (TAFELBILD 1). Sobald alle Begriffe gesammelt sind, kann die Lehrperson, ggf. unter Zuhilfenahme der im Band enthaltenen Wort- und Sacherklärungen, damit beginnen, stichwortartige Paraphrasierungen der unklaren Ausdrücke an die Tafel zu schreiben.

LV

TAFELBILD 1
➤ S. 7

TAFELBILD 1

Notieren Sie hier all jene Begrifflichkeiten, die Ihnen im Text unklar waren oder die Sie gar nicht verstanden haben:

1. ______________________________

2. ______________________________

3. ______________________________

… ______________________________

Erläuterungen. Die in diesem Unterrichtsschritt idealerweise vorab angekündigte Vorgehensweise ermöglicht es den Schülerinnen und Schülern den Text zunächst als ein Ganzes wahrzunehmen, das auch dann als sinnhaft erfahren werden kann, wenn einzelne Begrifflichkeiten unklar oder sogar unverständlich sind. Die Rolle der Erzählinstanzen kann etwa in einer ersten Begegnung mit dem Text, die auf Erklärungen des Vokabulars verzichtet, genauer beobachtet werden. Gleichzeitig sollte den Schülerinnen und Schülern in diesem Zusammenhang bewusst gemacht werden, dass jedwedes Vorlesen allein durch den Gestus des Vortrags, die Intonation, die Modulation der Stimme etc. eine Interpretation beinhaltet. Man könnte zumindest einen kleinen Teil der gewählten Textausschnitte danach noch von einer Schülerin oder einem Schüler vorlesen lassen, so wäre dieser Aspekt auch ohne eine Erklärung auf der Metaebene ersichtlich.

1.2 Erkennen der Erzählebenen

Unterrichtsschritt. Es ist davon auszugehen, dass die Textgrundlage nun gesichert ist. Im nächsten Schritt erhalten je zwei Schülerinnen und Schüler ARBEITSBLATT 1a ***Die Erzählebenen der Novelle***, dessen Arbeitsaufträge die neuerliche Lektüre des Textanfangs erforderlich machen. Anhand der Leitfragen werden die drei Erzählebenen und die Unterschiede zwischen den drei Erzählinstanzen leichter erkennbar. Es folgt eine maximal fünfminütige Vorstellung der Ergebnisse im Plenum. Mithilfe der VORLAGE 1a ***Die Erzählebenen der Novelle*** können sie abschließend visualisiert werden.

PA / UG

ARBEITSBLATT 1a
➤ S. 14
VORLAGE 1a
➤ S. 8

Erläuterungen. Die Schülerinnen und Schülern sollen sich nach dem ›ganzheitlichen‹ Einstieg nun in analytischer Weise dem Textanfang zuwenden. Diese schrittweise Annäherung wird zunächst auf dem für das Verständnis des *Schimmelreiters* grundlegenden Gebiet der verschachtelten Erzählebenen angestrebt, denn hier zeigt sich, verpackt in die direkten und indirekten Aussagen der Erzählinstanzen, die Grundlage der Erzähltheorie, die Storms Novelle zu Grunde liegt. Die Aufgaben auf ARBEITSBLATT 1a sind so gestellt, dass ein selbständiges Erarbeiten einzelner Aspekte möglich sein sollte. Die Bearbeitung der Leitfragen stellt dennoch nur die Möglichkeit einer ersten selbständigen Auseinandersetzung mit der Frage nach den Erzählrahmen und deren Zusammenwirken dar; die Thematik ist so komplex und dabei von grundlegender Bedeutung für das Verständnis des *Schimmelreiters*, dass sie in Unterrichtsschritt 1.3, dort stärker gesteuert, weiterverfolgt und ausdifferenziert wird.

Die Präsentation der Ergebnisse im Plenum gibt den Schülerinnen und Schülern die Möglichkeit, sich noch einmal explizit mit ihren Ergebnissen auseinanderzusetzen und sich dieser im Resonanzraum etwaiger Rückmeldungen zu versichern oder gegebenenfalls Korrekturen vornehmen zu können. Für die Lehrperson bietet sich

Gelegenheit, weitere Informationen zum Thema Erzählhaltung und Gesamttext bzw. zu deren Zusammenhang mit dem Thema Fiktion und Wirklichkeit, wie sie etwa in der Sachanalyse angeführt sind, zu ergänzen.

Zu ARBEITSBLATT 1a im Einzelnen: Es ist anzunehmen, dass die Lerngruppe zumindest durch die Gespräche im Plenum in der Lage ist zu erkennen, dass der Text über drei Erzählinstanzen verfügt und auf drei unterschiedlichen Ebenen erzählt wird, die sich in eine zeitliche Abfolge bringen lassen. Zur Veranschaulichung dieses Zusammenhanges sollte die unter VORLAGE 1a zur Verfügung gestellte Abbildung am Ende der Einheit an die Schülerinnen und Schüler ausgeteilt und noch einmal kurz besprochen werden.

Die Fragen *4 und *5 werden schwieriger zu beantworten sein und bedürfen eventuell einer stärkeren Anleitung durch die Lehrperson. Wesentlich ist, dass die Lerngruppe in die Lage versetzt wird zu erkennen, dass die jeweiligen Erzähler als Instanzen auftreten, die bestimmte (und damit v.a. auch unterschiedliche) Perspektiven auf das Geschehen haben und nicht eine ›absolute Wahrheit‹ referieren. Einmal wird das am Beginn des Textes ganz explizit angesprochen, nämlich als der Wirt darauf hinweist, dass es neben dem Schulmeister im Dorf noch eine andere Zeitzeugin gibt, die die damaligen Vorgänge wohl ganz anders schildern würde (*Schimmelreiter*, Reclam XL, S. 8). Ein Hinweis auf diese Textstelle kann helfen, den Schülerinnen und Schülern zu verdeutlichen, dass Erzählinstanzen auch mit bestimmten ›Eigenschaften‹ ausgestattet sind und die Informationsvergabe an die Leserschaft mitunter stark lenken können.

VORLAGE 1a

Die Erzählebenen der Novelle

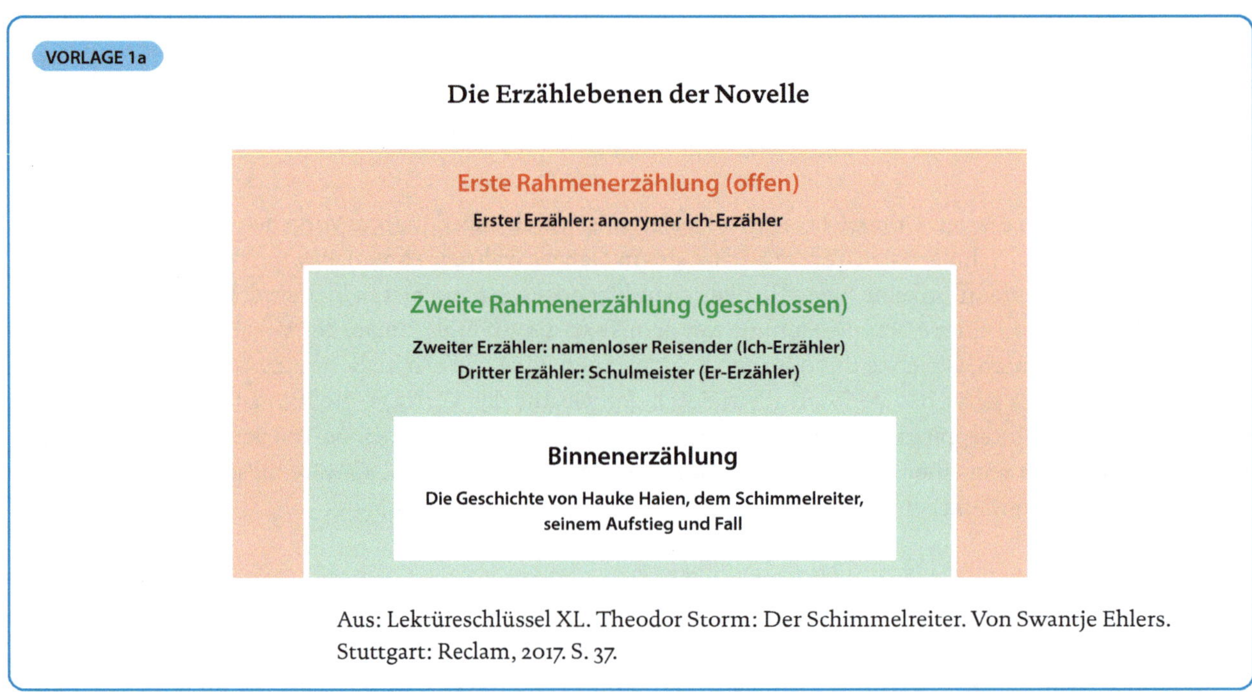

Aus: Lektüreschlüssel XL. Theodor Storm: Der Schimmelreiter. Von Swantje Ehlers. Stuttgart: Reclam, 2017. S. 37.

1.3 Fiktion, Wirklichkeit, Wahrheit (fakultativ)

EA / UG

VORLAGE 1b
➤ S. 10 f.

Unterrichtsschritt. Auf Basis ihrer Überlegungen zu den unterschiedlichen Erzählebenen, insbesondere zur Zuverlässigkeit der Erzählinstanz, sollen die Schülerinnen und Schüler nun in einem gemeinsamen Unterrichtsgespräch in die Lage versetzt werden, unterschiedliche Perspektiven auf die Frage nach Fiktion, Wirklichkeit und Wahrheit werfen zu können. Zunächst werden die Schülerinnen und Schüler in einem fakultativen Schritt dazu aufgefordert, jeweils für sich die Begriffe »Fiktion«, »Wirklichkeit« und »Wahrheit« auf einem vorbereiteten Blatt Papier stichwortartig zu definieren. Diese Definitionen werden dann an einem für alle gut sichtbaren Ort an die Wand oder eine Tafel geheftet und still durchgelesen. Nun stellt die Lehrperson mit Hilfe von VORLAGE 1b ***Definitionen: Fiktion, Wirklichkeit, Wahrheit*** einige Definitionen vor, wie sie in bekannten Lexika zu finden sind. Die Lerngruppe kann diese mit Hilfe der selbst erstellten Definitionen ergänzen und die Unterschiede und Gemeinsamkeiten in einem durch die Lehrperson moderierten Gespräch diskutieren. Zuletzt können die Schülerinnen und Schüler anhand folgender Leitfragen aufgefordert werden, diese Begriffsdefinitionen zum literarischen Text in Beziehung zu setzen:

- Wie wird die Geschichte vom Schimmelreiter in den Text eingeführt? Wird diese Legende dabei eher als etwas Fiktives oder als etwas Wahres dargestellt (vgl. 5,7–6,11)?

- Betrachten Sie noch einmal die Definition des Begriffes »Wahrheit«, wie sie in Kluges etymologischem Wörterbuch vorkommt. Ist eine literarische Erzählung wie der *Schimmelreiter* in diesem Sinne »wahr«?

Erläuterungen. Falls die Lehrperson es vorzieht, dieser Thematik keine Doppelstunde zu widmen, kann in diesem Unterrichtsschritt die eigenständige Vorarbeit der Lerngruppe weggelassen werden, es ist aber auch möglich, den gesamten Schritt auszulassen. Die Begrifflichkeiten, die hier im Vordergrund stehen, müssen dann an anderer Stelle kurz erklärt oder aber sukzessive im Unterrichtsverlauf erschlossen werden.

Die Novelle *Der Schimmelreiter* enthält schon in den ersten Zeilen eine Reflexion der (Un-)Möglichkeiten des Erzählens an sich und der Frage nach dem Wirklichkeitsbezug dessen, was in Form der Sage von Generation zu Generation weitergegeben wird. Das Verhältnis zwischen dem, was tatsächlich passiert ist, und dessen Tradierung in mündlicher Form wird im Text zunächst als prekär beschrieben:

> »Sie selbst [die Urgroßmutter] und jene Zeit sind längst begraben; vergebens auch habe ich seitdem jenen Blättern nachgeforscht, und ich kann daher umso weniger weder die Wahrheit der Tatsachen verbürgen, als, wenn jemand sie bestreiten wollte, dafür aufstehen; nur so viel kann ich versichern, dass ich sie seit jener Zeit, obgleich sie durch keinen äußeren Anlass in mir aufs Neue belebt wurden, niemals aus dem Gedächtnis verloren habe.« (3,12–20)

Die bloße Tatsache, dass es diese Geschichte gibt und sie sich über lange Zeit hinweg erhalten hat, lässt offenbar den Schluss zu, dass hier, abgesehen vom Wirklichkeitsgehalt, etwas Wesentliches erzählt wird. Dieses Wesentliche ließe sich etwa am Vorhandensein einer allgemein-menschlichen Wahrheit in dieser Erzählung festmachen. Inwiefern diese Einschätzung von der Lerngruppe geteilt wird und am Text festgemacht werden kann, lässt sich an dieser Stelle in Ansätzen, im gesamten Unterrichtsverlauf immer wieder thematisieren und abschließend zu einer Grundhaltung den zentralen Begrifflichkeiten gegenüber entwickeln, deren Bedeutsamkeit für die Lebenswelt der Schülerinnen und Schüler gerade unter den Vorzeichen des zunehmenden Verschwimmens der Grenze zwischen erlebter und (digital) vermittelter Wirklichkeiten als besonders hoch einzuschätzen ist.

Zu den Fragen für die Rückbindung der Überlegungen an den literarischen Text im Einzelnen:

- Wesentlich ist ein Hinweis darauf, dass die erste Erwähnung des Schimmelreiters im Text aus der Erzählung von einem Augenzeugen stammt, der von dem, was er gerade erlebt hat, noch tief erschüttert ist. Formulierungen wie »jetzt fiel mir bei, ich hatte keinen Hufschlag, kein Keuchen des Pferdes vernommen; und Ross und Reiter waren doch hart an mir vorbeigefahren!« (5,16–19) lassen an der Geisterhaftigkeit der Erscheinung keinen Zweifel aufkommen. Gleichzeitig zeigt die Reaktion der Wirtshausbesucher, dass eine solche Begegnung nicht zum ersten Mal vorgekommen ist, und diese Bestätigung durch die Reaktion der Gruppe verändert den Gesamteindruck der Leserschaft drastisch. Wenige Schülerinnen und Schüler werden den Eindruck formulieren, dass es sich hier lediglich um die Hirngespinste des Erzählers handle, vielmehr werden sie (zumindest vage) den Eindruck einer starken Ambivalenz zwischen »Kann nicht sein« und »Ist doch was Wahres dran« formulieren können. Damit ist das Wesentliche bereits erkannt, beschäftigt sich doch der Text durchgehend und intensiv mit der Frage nach den Möglichkeiten und Unmöglichkeiten einer Grenzziehung zwischen Wahrheit und Fiktion / rationalem Verstand und irrationalen Wahrnehmungen, die dennoch »etwas Wahres« an sich haben.
- Die Definition nach Kluge betont die Aspekte des Vertrauens und der Treue, die man einer Aussage schenken bzw. mit der man diese treffen kann. Von Interesse für die Lehrperson ist vor allem, inwiefern die Schülerinnen und Schüler diese Begrifflichkeiten mit dem Text und seinen Figuren bzw. Erzählinstanzen in Verbindung bringen. Gibt es Figuren, mit denen sie sich identifizieren können, werden sie den Begriff des »Vertrauens« eher positiv bewerten, betrachten die Schülerinnen und Schüler den Textanfang als den einer veralteten »Gespenstergeschichte«, werden sie diese Begrifflichkeiten vermutlich eher ablehnen. Es ließe sich an dieser Stelle auch fragen ob die Lerngruppe Geschichten aus ihrer eigenen Vergangenheit kennt, die sie nicht belegen können, die sie aber dennoch für vertrauenswürdig halten. Das Lernziel ist erreicht, wenn die Schülerinnen und Schüler verstanden haben, dass Literatur, ja Erzählungen generell, ohne Mehrdeutigkeit, Ambivalenzen und Widersprüche nicht auskommen können, was aber nicht bedeutet, dass sie ›lügenhaft‹ wären.

VORLAGE 1b

Definitionen: Fiktion, Wirklichkeit, Wahrheit

»**Fiktion/Fiktionalität:** (lat. *fingere*: bilden, erdichten, vortäuschen), Bezeichnung für den erfundenen bzw. imaginären Charakter der in literarischen Texten dargestellten Welten. Die Auffassung, dass Aussagen in literarischen Texten bezüglich eines Wahrheitsanspruches ein Sonderstatus zukommt, zieht sich mit unterschiedlichen Bewertungen durch die gesamte Geschichte literaturwissenschaftlicher Theoriebildung. So findet sich der Topos [...] von der Lügenhaftigkeit der Dichtung ebenso wie die Vorstellung von Literatur als Ausdruck einer höheren Wahrheit im Rahmen einer erfundenen Wirklichkeit.

[...] ›Fiktiv‹ meint etwas Erdachtes, Erfundenes, Vorgestelltes, mit dem dennoch im Sinne eines ›als ob‹ operiert wird. Auch hier erfolgt die Zuordnung zu einem außertextuellen Seinsbereich, der jedoch als vom Sprachverwender gesetzt gedacht wird. Handlungen und Figuren in Romanen sind ebenso fiktiv wie Textaufgaben im Mathematikbuch [...]. Die Lösung fiktiver Fälle und Aufgaben dient der Einübung von Fertigkeiten im Sinne praktischer Handlungskompetenzen. Als Modellfälle mit Modelllösungen zielen sie auf das Erfassen von Realem ab. Wird dieser eindeutige Bezug zu dem, was man als ›real‹ auffasst, aufgehoben, dann wird Fiktionalität [...] erzeugt.

[...] Herauszustellen ist jedoch, dass Fiktionalität als einziges Bestimmungselement allen modernen Literaturbegriffen seit dem 18. Jh. gemeinsam ist. Deshalb wurde Fiktionalität in verschiedenen Literaturtheorien der letzten Jahrzehnte mit unterschiedlichen Begründungen als Differenzqualität von Literatur begriffen.«

Achim Barsch: Art. »Fiktion/Fiktionalität«. In: Metzler Lexikon Literatur- und Kulturtheorie. Ansätze – Personen – Grundbegriffe. Hrsg. von Ansgar Nünning, Stuttgart/Weimar: Metzler, [4]2008. S. 201 f. [Abkürzungen aufgelöst.]

»**Wirklichkeitsbegriff:** Bis in die Neuzeit dominiert dabei die Vorstellung, Wirklichkeit sei das *perí echon*, gleichsam der Raum, in dem die Objekte und Ereignisse unserer Lebenswirklichkeit positioniert sind. Neben der dominanten Auffassung, Wirklichkeit sei das unabhängig von den Subjekten Bestehende, das durch geeignete kognitive Operationen [...] objektiv erkennbar sei, hat sich seit Demokrit und den Skeptikern bis hin zu Konstruktivisten [...] und Systemtheoretikern [...] der Gegenwart eine alternative Argumentation entfaltet, wonach Wirklichkeit nicht von Wahrnehmung und Erkennen und damit auch nicht von den wahrnehmenden und erkennenden Systemen getrennt werden kann. [...] Damit wird Wirklichkeit nicht etwa geleugnet, sondern die Hypothese vertreten, dass Wirklichkeit aus empirisch hoch konditionierten Prozessen des kognitiven, kommunikativen und poetischen Handelns von sozial interagierenden Aktanten im Rahmen einer Kultur resultiert [...]. Damit wird der W. prozessualisiert und temporalisiert, aber auch pluralisiert; denn nun ist die Konsequenz unvermeidlich, dass es genau so viele Wirklichkeiten gibt wie wirklichkeitskonstruierende Systeme. Aus der Einsicht in diese neue Ausgangsposition jedes Denken ergeben sich erhebliche Anforderungen an unseren Umgang mit anderen Menschen, Kulturen und sozialen Institutionen, die jeden Anspruch auf absolute Wahrheit sowie die Überlegenheit der eigenen Kultur obsolet machen und jedem von uns ein hohes Maß an Toleranz und Verantwortung abverlangen.«

Siegfried J. Schmidt: Art. »Wirklichkeitsbegriff«. Ebd. S. 768.

Wahrheit (Wortherkunft laut Kluge, *Etymologisches Wörterbuch*): »**wahr** Adjektiv Standardwortschatz (8. Jh.), mittelhochdeutsch *wār*, althochdeutsch *wār*, altsächsisch *wār*. [...] Gebildet zu einem Wurzelnomen (indogermanisch) **wēr-* ›Vertrauen, Treue, Zustimmung‹ in griechisch *ēra* ›Gefallen, Gunst‹, umgeformt in germanisch **wǣrō* f. ›versprechen, Verpflichtung, Vertrag‹ [...]. Das Substantiv ist ein Verbalnomen zu indogermanisch **werə-* ›achten‹ [...] Abstraktum: **Wahrheit**; Adverb: **wahrlich**.«

Friedrich Kluge: Etymologisches Wörterbuch der deutschen Sprache. Bearb. von Elmar Seebold. Berlin / New York: de Gruyter, [24]2002. S. 968. [Abkürzungen aufgelöst.]

»Der philosophische Wahrheitsbegriff kommt sprachlich vor allem in der prädikativen Verwendung von ›wahr‹ und ›falsch‹ zum Ausdruck. Er bezieht sich auf propositionale Gebilde wie z. B. Aussagen, Sätze oder Urteile, wenn diese als Behauptungen verwendet werden (sog. Aussagen-Wahrheit). Ob es sich dabei primär um eine Eigenschaft einzelner sprachlicher Äußerungen, Typen solcher Äußerungen oder aber der zum Aus-

VORLAGE 1b (Fortsetzung)

druck gebrachten Bedeutung handelt, ist umstritten. […] Von Wahrheit zu unterscheiden ist die Wahrhaftigkeit (im Gegensatz zur Lüge), die als das subjektive Für-Wahr-Halten der eigenen Aussage den Begriff der Aussagewahrheit jedoch ebenfalls voraussetzt. […] Andererseits steht aber eine Wahrheitstheorie, die unserem alltäglichen Vorverständnis wie auch allen philosophischen Anforderungen gerecht wird, noch aus.«

Markus Willaschek: Art. »Wahrheit«. In: Metzler Lexikon Philosophie. Begriffe und Definitionen. Hrsg. von Peter Prechtl und Franz-Peter Burkard. Stuttgart/Weimar: Metzler, [3]2008. S. 666 ff. [Abkürzungen aufgelöst.]

1.4 Das »Erzählerverhalten« und seine Wirkung auf die Leserschaft

EA / PA / UG

Unterrichtsschritt. Die Schülerinnen und Schüler erhalten ARBEITSBLATT 1b ***Das »Erzählerverhalten« und seine Wirkung auf die Leserschaft*** und werden aufgefordert, die darauf befindlichen Zitate still durchzulesen. Die Erzählinstanzen der drei Erzählebenen werden hier anhand eines längeren Zitats in ihrem je eigenen Zugang zum Thema »Fiktion und Wahrheit« vorgestellt. Im Anschluss werden die Schülerinnen und Schüler nun gebeten, die Arbeitsaufträge in Partnerarbeit zu beantworten. In einem abschließenden Gespräch kann die Lehrperson einzelne Gruppen zu ihren Antworten befragen und eventuell unterschiedliche Antworten noch einmal erklärend mit der gesamten Lerngruppe besprechen.

ARBEITSBLATT 1b
➤ S. 15

Erläuterungen. Die in ihrer ganzen Komplexität sichtbar gewordenen Begrifflichkeiten werden nun wieder direkt an den Text zurückgebunden, indem die einzelnen Erzählinstanzen mit Zitaten zu Wort kommen, die ihre jeweilige »Erzählmoral« charakterisieren. Während die extradiegetische, anonyme Erzählinstanz des äußeren Erzählrahmens die Bedingungen, unter denen sie zu dieser Geschichte gelangt ist und den Grad an Ungewissheit, den die orale Überlieferung mit sich bringt, stark reflektiert, ist die intradiegetische Erzählinstanz des inneren Erzählrahmens ganz in die ihr selbst widerfahrenden Ereignisse verstrickt und stellt deren Wahrheitsgehalt nicht infrage. Dieser erfährt vielmehr durch die Reaktionen der im Wirtshaus versammelten Ortsansässigen eine Bestätigung. Subtiler schließlich die Position des Schulmeisters, der als Zeitzeuge die Geschichte genau zu kennen meint, vom Deichgrafen aber darauf verwiesen wird, dass es unterschiedliche Versionen der Vorkommnisse gibt, die auf ganz unterschiedliche Weise beanspruchen, ›die Wahrheit‹ zu erzählen.

Zu den Textausschnitten des ARBEITSBLATTS 1b im Einzelnen: Die Erzählinstanz in Ausschnitt 1 verweist hier mit der Formulierung »Sie selbst und jene Zeit sind längst begraben« auf die Zeitzeugenschaft, die in diesem Fall nicht mehr als »Absicherung« herangezogen werden kann. An dieser Stelle bleibt es dabei; diese Möglichkeit, sich auf diese Weise der Wahrheit anzunähern, muss verloren gegeben werden, daher wird sie nicht weiter reflektiert. In Ausschnitt 3 wird allerdings deutlich, dass jedwede Erzählinstanz ihre eigene Sicht der Dinge einbringt und die Geschehnisse somit interpretiert und färbt, auch wenn der Schulmeister seine Perspektive als die überlegene betrachtet. Einzig der Erzähler des inneren Erzählrahmens (Ausschnitt 2) setzt sich mit der Frage nach Wahrheit und Fiktion nicht auseinander, er wird hier im Moment unmittelbaren, emotionalen Erzählens gezeigt. Vage und relativierende Ausdrücke wie »kam auf dem Deiche etwas gegen mich heran« oder »glaubte ich […] zu erkennen« schwächen die Kraft seines Berichts nicht ab, sie geben diesem ganz im Gegenteil den Charakter der Wahrhaftigkeit. Ausschnitt 1 und 2 verweisen damit gleichermaßen darauf, dass sich das Wesentliche einer Erzählung nicht aus der historischen Beglaubigung, sondern aus der – empfundenen – Bedeutsamkeit des Berichteten für Erzählinstanz und Zuhörerinnen bzw. Zuhörer ergibt. Dies zeigt sich etwa in Ausschnitt 1 in der Aussage des Ich-Erzählers, er habe die Worte seiner Großmutter »niemals aus dem Gedächtnis verloren«. Was diesen Worten Kraft verleiht, ist also ihre nachhaltige Wirkung, die Tatsache, dass sie ›auf fruchtbaren Boden‹ gefallen sind. Die Erzählinstanz in Ausschnitt 2 verleiht dem eigenen Bericht ebenfalls Gewicht, indem diese auf so eindrückliche Weise geschildert wird, dass die Geschehnisse dem Publikum quasi lebendig vor Augen treten. In dieser Magie des narrativen Aktes, die an dieser Stelle auch für die Leserinnen und Leser erfahrbar wird, scheint eine schwer fassbare, womöglich komplizierte Beziehung zur Wahrheit zu liegen, sonst wäre es, wie durch Ausschnitt 1 deutlich wird, niemals zur Niederschrift der Novelle gekommen.

All diesen Einschätzungen widerspricht Ausschnitt 3 in gewisser Weise: Hier wird der Erzähler der Binnenerzählung, also des quantitativ größten Teils des Buches, vorgestellt. Der Schulmeister äußert sich den durch das gemeine Volk überlieferten Geschichten gegenüber abfällig, eine alternative Erzählinstanz, die kurz ins Spiel kommt, die Wirtschafterin Antje Vollmers, wird gar als »dummer Drache« bezeichnet. Damit wird sie qua Bezeichnung selbst dem Reich des Fiktiven zugerechnet, das einer vermeintlich seriösen, von der Kraft aufklärerischer Bildung geformten Erzählinstanz, also dem Schulmeister, gegenübergestellt wird. Die hier zu Beginn der Novelle aufblitzende Dichotomie – Aufklärung versus »Märchen«, Wahrheit versus fiktionale Lüge – wird nicht in diesem Moment in Frage gestellt, sondern durch den Verlauf der (schulmeisterlichen) Erzählung selbst. Hier wird der Protagonist der Novelle, ein paradigmatischer Vertreter der Aufklärung, von seinem Dogmatismus schließlich zu Fall gebracht und geht am Ende der Novelle im Chaos einer apokalyptisch-aufbrausenden Natur, die sein rationaler Geist nicht zu bändigen vermochte, unter. Eine allgemeingültige Wahrheit kann es demzufolge nicht geben, vielmehr läge der Schluss nahe, dass das Geschichtenerzählen als ein Akt des mehrperspektivischen Erinnerns die einzige Möglichkeit darstellt, der »Wahrheit« – die immer die Wahrheit einer Erzählung bleiben wird und nicht mit Faktizität zu verwechseln ist – nahezukommen.

1.5 *Der Schimmelreiter* als eine Erzählung des Realismus (fakultativ)

LV / UG

VORLAGE 1c

➤ S. 12

Unterrichtsschritt. Die Überlegungen, die bislang zum Zusammenhang zwischen Fiktion und Wirklichkeit angestellt wurden, sollen nun noch einmal vor dem Hintergrund der Erzähltheorie des Realismus reflektiert werden. VORLAGE 1c ***Der literarische Realismus*** stellt wesentliche Merkmale der Erzähltheorie des Realismus in aller Kürze dar und kann von der Lehrperson in einem kurzen Vortrag erläutert werden. Zum Abschluss dieser ersten Unterrichtsstunde richtet die Lehrperson die Frage an die Lerngruppe, inwiefern diese den *Schimmelreiter* als einen einzigartigen Text oder (auch) als Ausdruck der zentralen Fragestellungen dieser Epoche betrachtet.

VORLAGE 1c

Der literarische Realismus

Zeitraum: ca. 1830 bis 1890

Exemplarische Vertreter: z. B. Gottfried Keller (1819–1890), Theodor Fontane (1819–1898). Die Schriftsteller dieser Zeit vertraten keine einheitliche Theorie und standen mitunter in Konkurrenz zueinander; Epochenbegriffe sind zumeist nachträgliche Zuschreibungen von außen!

Hintergrund: Problematisierung dessen, was »wirklich« erscheint; die Schriftsteller, die dieser Epoche zugerechnet werden, legen ihr Augenmerk insbesondere auf Zusammenhänge, die sich unter der gesellschaftlichen Oberfläche abspielen; so entsteht eine »fiktive Wirklichkeit«, eine Wirklichkeit zweiter Ordnung, die oft eher die »Wahrheit« über das tatsächliche Geschehen auszudrücken scheint als ein historischer Abriss oder eine Sachanalyse.

Das kann nur die Kunst: Sichtbarmachen von Vorgängen, die nicht eindeutig zuordenbar, wohl aber wirkmächtig sind; Bezeichnung dafür im literarischen Realismus: »Idealität«.

Erzähltechnisch dazu passend: der unzuverlässige Erzähler.

Merkmale des realistischen Erzählens: Folgende Erzählverfahren werden bevorzugt:

- Objektivität der Darstellung (Wirklichkeit ist nicht umfassend darstellbar!)
- Multiperspektivisches Erzählen
- Mehrdeutigkeit
- Bevorzugung des Indirekten, Andeutungshaften
- Wendung gegen festgelegte Wirklichkeitsdeutungen
- Erzählen bedeutet die Annäherung an Begebenheiten und Geschehnisse; vieles bleibt offen

(Vgl. Swantje Ehlers, *Lektüreschlüssel XL. Theodor Storm: Der Schimmelreiter*, Stuttgart 2020, S. 113.)

Erläuterungen. Die Frage nach den erzählerischen Zusammenhängen zwischen »Fiktion«, »Wirklichkeit« und »Wahrheit« werden bei Theodor Storm von Epochenmerkmalen des Realismus konturiert. Die Novelle ist dennoch »unvergleichlich« und man kann sie nicht als ein Sammelsurium von Epochenmerkmalen lesen. Ziel dieser abschließenden Unterrichtssequenz ist es daher, den Schülerinnen und Schülern ein Gespür für die Bedeutsamkeit, aber auch die Grenzen von Epochenmarkierungen zu vermitteln. Möchte man hier einen Bezug zur Lebenswirklichkeit der Lerngruppe herstellen, so ließe sich auch fragen, inwiefern diese sich selbst als (mehr oder weniger) geprägt von den charakteristischen Verhaltensweisen und Eigenschaften ›ihrer Generation‹ erleben.

Hausaufgabe

Lektüre der Novelle bis S. 40, Z. 20.

Die Erzählebenen der Novelle

Arbeitsauftrag 1:

Bitte lesen Sie S. 3–10 des *Schimmelreiters* noch einmal aufmerksam durch. Auf diesen Seiten wird das erzählerische Gerüst, von dem die Novelle *Der Schimmelreiter* getragen wird, gebaut. Bitte beantworten Sie folgende Fragen für diesen Textabschnitt:

1. Wer erzählt hier? (Hinweis: Es gibt drei Erzähler, kennzeichnen Sie den Beginn ihrer jeweiligen Erzählung.)
2. Hat der jeweilige Erzähler die Ereignisse, von denen er berichtet, selbst erlebt oder wurden sie ihm berichtet? Falls Letzteres der Fall ist, wer wird als Quelle der Erzählung genannt?
3. In welchem Verhältnis stehen die drei Erzählrahmen zeitlich zueinander? Welche Erzählung hat zuerst stattgefunden, welche danach? Bitte geben Sie den Textauszügen eine chronologische Ordnung von 1. für den am weitesten zurückliegenden bis 3. für den am nächsten zum Zeitpunkt Ihrer Lektüre liegenden Erzählrahmen.

*4. Wie zuverlässig ist der jeweilige Erzähler, wie viel Vertrauen kann man aus Ihrer Sicht dessen Bericht schenken?
*5. Welche Gedanken äußert der jeweilige Erzähler zu seiner eigenen (Erzähl-)Situation?

Arbeitsauftrag 2:

Bringen Sie nun Ihre Antworten auf diese Fragen in eine Form, die es Ihnen erlaubt, Ihre Ergebnisse den anderen Schülerinnen und Schülern knapp zu vermitteln. Bitte bedenken Sie, dass Sie für Ihren Vortrag nicht länger als 5 Minuten zur Verfügung haben.

ARBEITSBLATT 1b

Das »Erzählerverhalten« und seine Wirkung auf die Leserschaft

1 *»Erzählmoral« im äußeren Erzählrahmen (anonymer Ich-Erzähler):*

»Sie selbst [die Urgroßmutter des Erzählers] und jene Zeit sind längst begraben; vergebens auch habe ich seitdem jenen Blättern nachgeforscht, und ich kann daher umso weniger weder die Wahrheit der Tatsachen verbürgen, als, wenn jemand sie bestreiten wollte, dafür aufstehen; nur so viel kann ich versichern, dass ich sie seit jener Zeit, obgleich sie durch keinen äußeren Anlass in mir aufs Neue belebt wurden, niemals aus dem Gedächtnis verloren habe.« (3,16–19)

2 *»Erzählmoral« im inneren Erzählrahmen (anonymer Ich-Erzähler):*

»Jetzt aber kam auf dem Deiche etwas gegen mich heran; ich hörte nichts; aber immer deutlicher, wenn der halbe Mond ein karges Licht herabließ, glaubte ich eine dunkle Gestalt zu erkennen, und bald, da sie näher kam, sah ich es, sie saß auf einem Pferde, einem hochbeinigen hageren Schimmel; […] Der Deichgraf war aufgestanden. ›Ihr braucht nicht zu erschrecken‹, sprach er über den Tisch hin; ›das ist nicht bloß für uns, Anno 17 hat es auch denen drüben gegolten; mögen sie auf alles vorgefasst sein!‹« (5,7–7,29)

3 *»Erzählmoral« der Binnenerzählung (Erzählung des alten Schulmeisters):*

»›Unser Schulmeister‹, sagte er mit erhobener Stimme, ›wird von uns hier Ihnen das am besten erzählen können; freilich nur in seiner Weise und nicht so richtig, wie zu Haus meine alte Wirtschafterin Antje Vollmers es beschaffen würde.‹ ›Ihr scherzet, Deichgraf!‹, kam die etwas kränkliche Stimme des Schulmeisters hinter dem Ofen hervor, ›dass Ihr mir Euern dummen Drachen wollt zur Seite stellen!‹ ›Ja, ja Schulmeister!‹, erwiderte der andere; ›aber bei den Drachen sollen derlei Geschichten am besten in Verwahrung sein!‹ ›Freilich!‹, sagte der kleine Herr; ›Wir sind hierin nicht ganz derselben Meinung‹; und ein überlegenes Lächeln glitt über das feine Gesicht.« (8,7–21)

Arbeitsaufträge:

Lesen Sie die hier abgedruckten Textausschnitte aus dem *Schimmelreiter* durch und beantworten Sie folgende Fragen dazu in Partnerarbeit:

1. Welche Formulierungen werden in den Ausschnitten 1–3 verwendet, um den Wahrheitsgehalt des Gesagten jeweils zu relativieren bzw. zu verstärken?
2. Wie werden Wahrheit und Fiktion in Ausschnitt 1 miteinander in Verbindung gesetzt? Kann es, diesem Zitat zufolge, eine Wahrheit ohne fiktive Anteile überhaupt geben?
3. Was sagt Ausschnitt 3 über die Rolle der Erzählinstanz und deren Zuverlässigkeit aus?

2 Den Topos des »Geisterreiters« kennen lernen und die Sage als Geschichte in der Geschichte wahrnehmen können

Sachanalyse

Die drei Erzählinstanzen, die im Mittelpunkt von Unterrichtsstunde 1 standen, weisen bereits auf einen zentralen Aspekt der Novelle hin, die nicht etwa eine vom Autor frei erfundene, sondern eine über die Jahrhunderte hinweg tradierte Sage in den Mittelpunkt stellt. Sie bildet einen erzähltechnischen Kern um den herum sämtliche inhaltliche Elemente kreisen, allerdings wird die Herkunft dieser Geschichte vom *Gespenstigen Reiter*[1] immer wieder in selbstreferenzieller Weise thematisiert. Die Tradierung über einen langen Zeitraum hinweg stattet die Sage mit einer gewissen Autorität aus. Die Tatsache, dass sie die Menschen auch in der erzählten Jetztzeit immer noch tief zu berühren vermag (vgl. die Erzählinstanz des äußeren Erzählrahmens), befördert den Eindruck der Leserinnen und Leser, dass diese Geschichte von existenzieller Bedeutung und daher auch wahrheitshaltig, zumindest aber wahrhaftig sein könnte. Vom Standpunkt des Autors aus betrachtet, bringt die Legende vom Schimmelreiter die Allusion eines mündlichen Erzählens in die Novelle mit ein. Die Gattungszuordnung wird gewissermaßen von dieser Reminiszenz an die narrative Urszene der oralen Weitergabe von Geschichten mit all ihren mnemotechnischen Verfahrensweisen, der unauflöslichen Bindung an die jeweilige Erzählsituation und das Publikum, konterkariert. Notwendigkeiten und Abgründe des Spannungsfeldes zwischen Tradition und Erneuerung, zwei zentrale Themen der Binnenerzählung um Hauke Haien, werden folglich nicht nur auf der inhaltlichen, sondern auch auf einer erzähltechnischen Ebene verhandelt und als Grundfragen allen Dichtens erkennbar. In diesen auf sämtlichen Ebenen verhandelten Zusammenhängen spielt die »Mise en abyme« als erzählerische Grundhaltung des Textes eine wesentliche Rolle: »Die Mise en abyme ist eine Einlagerungs- und Spiegelfigur und kann im weitesten Sinne als die Einlagerung eines Kunstwerks in ein anderes verstanden werden, die sowohl einander spiegeln als auch eine werkimmanente Tiefenstruktur, einen Abgrund, konstituieren.«[2] Die Figur der Spiegelung, wie sie Storms Novelle auf sehr komplexe Weise eingeschrieben ist, lässt für die Rezipientinnen und Rezipienten nicht nur die Frage nach dem Verhältnis zwischen Kunst und Welt hörbar werden, sie beschäftigt sich auch mit der existenziellen Bedeutung des Erzählens für den Menschen zu allen Zeiten. Während diese Dimension der »Mise an abyme« die Verankerung unserer Sprache und Wahrnehmung im Überlieferten im wahrsten Sinne des Wortes reflektiert, lässt sie andererseits die Bedeutung der Kontexte, in denen erzählt wird, und deren grundsätzliche Veränderbarkeit sichtbar werden.[3]

1 Vgl. Hans Wagener, *Erläuterungen und Dokumente. Theodor Storm: »Der Schimmelreiter«*, Stuttgart 2001, S. 65–71.

2 Charlotte Gauger, *Der Abgrund im Spiegel. Mise en abyme – zur Aufhebung der ontologischen Dichotomien von Kunst und Wirklichkeit*, Bielefeld 2019, S. 7.

3 Vgl. ebd., S. 26 ff.

Unterrichtsverlauf

Überblick. Die Schülerinnen und Schüler haben durch die Hausaufgabe erste Bekanntschaft mit der Legende des Schimmelreiters gemacht. Sie rekonstruieren nun die Ursprungsgeschichte dieser Sage im Rahmen einer Gruppenarbeit, um ein Gespür für die ›Gemachtheit‹ der Novelle zu entwickeln, deren unterschiedliche ›Schichten‹ nicht alle vom Autor selbst ersonnen wurden. Sie lernen die »Mise en abyme« als eine besonders wichtige Figur des Zusammendenkens von Welt und Kunst kennen und eröffnen sich durch textnahe Einzelarbeit interpretative Zugänge zum Text und zu den hier besonders intensiv verhandelten Topoi. Abschließend bietet sich fakultativ die Gelegenheit, sich mit Sagen, Legenden oder anderen Erzählungen auseinanderzusetzen, die sich ins eigene Leben ›eingeschrieben‹ haben. ! **Verkürzter Verlauf: 2.1 – 2.2**

Phase	Thema	Sozialform	Kompetenzen und Lernziele	Materialien
Voraussetzungen: Lektüre des Primärtextes bis S. 40				
2.1	Die Sage und deren historische Bezüge als solche erkennen und ihre Herkunft rekonstruieren	LV / GA	• Die Herkunftsgeschichte eines Textes verstehen lernen • Prozesse der Übernahme und der bewussten Veränderung im schriftstellerischen Prozess wahrnehmen können	VORLAGE 2a ➤ S. 18 ARBEITSBLATT 2a ➤ S. 23
2.2	Die Technik der »Mise en abyme« kennen lernen und auf die Novelle beziehen	LV / UG	• Ein zentrales künstlerisches Verfahren und seine Bedeutung kennen lernen • Theorie und Text zusammendenken lernen	VORLAGE 2b ➤ S. 20 VORLAGE 2c ➤ S. 21 ARBEITSBLATT 2b ➤ S. 26
2.3 fakultativ	Meine Lebens-Geschichten	EA / UG	• Einen Teil der eigenen »Geschichten-biografie« reflektieren • Ursprünge eigener Wahrnehmungsmuster erkennen lernen	ARBEITSBLATT 2c ➤ S. 27
HA	Lektüre der Novelle bis S. 101			*Schimmelreiter*, Reclam XL, 40,21–101,32

2.1 Die Sage und deren historische Bezüge als solche erkennen und ihre Herkunft rekonstruieren

Unterrichtsschritt. Ein durch VORLAGE 2a ***Literarische, historische und topographische Quellen zum »Schimmelreiter«*** unterstützter Vortrag der Lehrperson soll der Lerngruppe zu Beginn dieses Kapitels Einblick in die Entstehungsgeschichte dieser Novelle verschaffen. Dann werden die Schülerinnen und Schüler in Gruppen zu je fünf Personen eingeteilt und erhalten die Sage *Der gespenstige Reiter* (ARBEITSBLATT 2a ***»Der gespenstige Reiter« und »Der Schimmelreiter«***). Die VORLAGE 2a soll weiterhin allen Schülerinnen und Schülern zur Bezugnahme zur Verfügung stehen. Im Anschluss an die Bearbeitung der Arbeitsaufträge 1 und 2 auf ARBEITSBLATT 2a wird das Gespräch von der Lehrperson ins Plenum zurückgeführt, die Antworten der Schülerinnen und Schüler werden gemeinsam besprochen. Auf diese Weise soll langsam ein Bewusstsein dafür entstehen, dass literarische Texte einerseits absichtsvoll gestaltete Konstrukte sind, sich in Hinblick auf ihre Gesamtwirkung aber der bewussten Autorschaft auch wieder entziehen.

LV / GA

VORLAGE 2a ➤ S. 18
ARBEITSBLATT 2a ➤ S. 23
Lösungshinweise ➤ S. 83

Erläuterungen. Die Entstehungsgeschichte der Novelle ist durch Storms regen Austausch mit Freunden, Familie, Kollegen und seinem Verleger außergewöhnlich gut belegt. Die Schülerinnen und Schüler sollen davon insofern profitieren, als sie durch die Kenntnis der historischen Dokumente ganz ohne weiteres Zutun der Lehrperson auf die ›Gemachtheit‹ des Textes, also seinen Kunstcharakter im engeren Sinne, hingewiesen werden. Insbesondere durch den Verweis auf die Sage, die Storm seiner Novelle zu Grunde legte, wird außerdem deutlich, dass Texte nicht für sich stehen, sondern stets in gesellschaftliche, intertextuelle und historische Bezüge verwoben sind und dies auch immer wieder durch selbstreferenzielle Bezugnahmen deutlich machen. Die Auswahl der Dokumentauszüge auf VORLAGE 2a ist so gestaltet, dass sowohl literarische Quellen (Sage), historische Quellen (Deichbruch und Flut) als auch topografische Quellen wie die Übersichtskarte (auch in *Schimmelreiter*, Reclam XL, S. 168) sichtbar werden. Der Autor hat im *Schimmelreiter* noch mehr Bezüge hergestellt, aber dieser Einblick sollte zunächst genügen, um den Schülerinnen und Schülern das Wesentliche zu verdeutlichen.

Exkurs (fakultativ). An dieser Stelle könnte die Lehrperson auch einen Hinweis darauf geben, wie stark das damalige künstlerische Umfeld männlich geprägt war. Sämtliche der intellektuell gleichrangigen Brieffreunde, mit denen ein regelmäßiger Austausch stattfand, waren Männer. Die Leserschaft zu dieser Zeit bestand jedoch zu einem sehr großen, kontinuierlich wachsenden Teil aus Frauen. Insbesondere die damals beliebten Zeitschriften – und aus einer solchen stammt ja auch die Sage vom »gespenstigen Reiter« – hätten ohne ihr weibliches Publikum nicht bestehen können.

VORLAGE 2a

Literarische, historische und topografische Quellen zum *Schimmelreiter*

1 *Theodor Storm an seine Tochter Lisbeth (1855–99), am 20. Februar 1885:*
»Jetzt spukt eine gewaltige Deichsage, von der ich als Knabe las, in mir; aber die Vorstudien sind sehr weitläufig. Ich sollte nur Deinen Mann zur Hilfe haben; mit ihm ist prächtig dergleichen durchzusprechen.«

Hans Wagener: Erläuterungen und Dokumente. Theodor Storm: Der Schimmelreiter. Stuttgart: Reclam, 2001. S. 44.

2 *An den Verleger Paetel, Juli/August 1886:*
»Aber es ist ein heikel Stück, nicht nur in puncto Deich- und andrer Studien dazu, sondern auch, weil es seine Mucken hat, einen Deichspuk in eine würdige Novelle zu verwandeln, die mit den Beinen auf der Erde steht.«

Ebd. S. 46.

3 *Auszug aus einem Brief an Frau Eckermann, am 10. Februar 1885 (Bezug: Deichkatastrophe von 1634):*
»Zu einer neuen Arbeit, die sich in meinem Kopfe festsetzen will, möchte ich gern eine kleine, nur ganz flüchtige Skizze der Landteile von Nordstrand, Husum, Simonsberg haben, wie es eben vor der großen Flut von ann. 1634 war. Da ich meine, dass Eckermann mir neulich solch ein altes Kärtchen zeigte, erlaubt er vielleicht, dass Gertrud, die ich freundlich darum bitte, es mir abzeichnet; die Deiche, wenn solche angegeben sind, möglichst deutlich, sowie die Ortsnamen.«

Ebd. S. 44. [Behutsam modernisiert.]

4 *Übersichtskarte nach den Angaben der Novelle:*

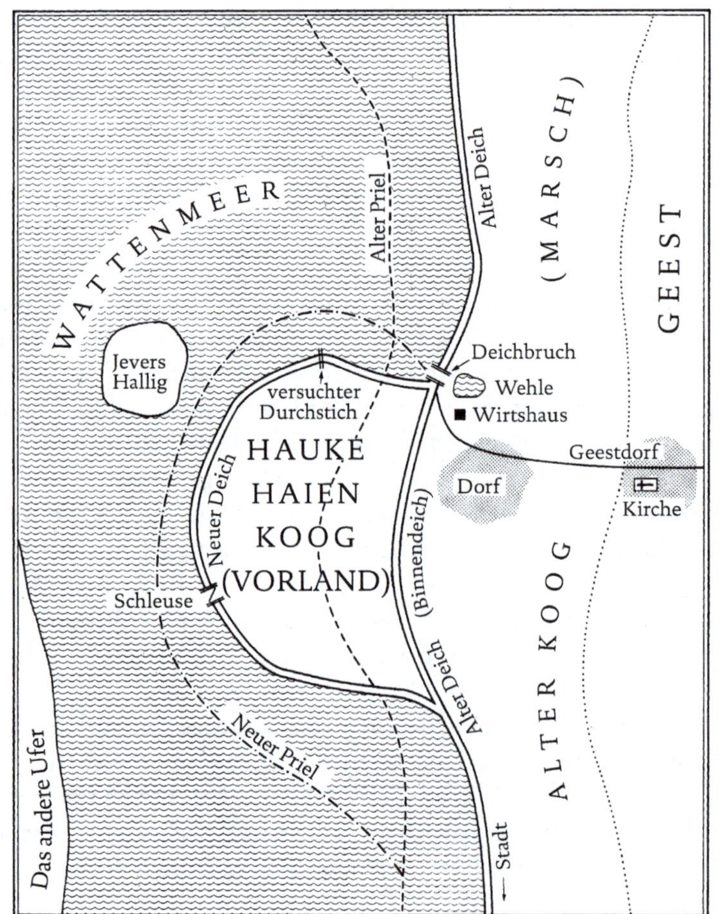

Aus: Lektüreschlüssel XL. Theodor Storm: Der Schimmelreiter. Von Swantje Ehlers. Stuttgart: Reclam, 2017. S. 60.

2.2 Die Technik der »Mise en abyme« kennen lernen und auf die Novelle beziehen

Unterrichtsschritt. In diesem Unterrichtsschritt soll die Lerngruppe das in Zusammenhang mit der Sage äußerst relevante künstlerische Verfahren der »Mise en abyme« kennen lernen und die Möglichkeit erhalten, sich intensiv mit der Wirkungsweise des »Text im Text«-Verfahrens auseinanderzusetzen. Der Beginn der Unterrichtseinheit wird von der Lehrperson gestaltet, die anhand von VORLAGE 2b ***Mise en abyme*** zunächst erklärt, was man darunter versteht und weshalb dieses Verfahren in besonderem Maße auf die Komplexität des Kunstwerks an sich und die Bezüge zwischen Kunst und Wirklichkeit hinweist. Mit Hilfe von VORLAGE 2c ***Die Mise en abyme im »Schimmelreiter«*** wird das erzählerische Spiegelungsprinzip in direkter Bezugnahme auf den Text zur Ansicht gebracht. Anhand des Textausschnitts zu Hauke Haiens Tötung des Katers (*Schimmelreiter*, Reclam XL, 18,18–20,6) mittels ARBEITSBLATT 2b ***Arbeitsauftrag*** sollen dann in einem Unterrichtsgespräch direkte Bezugnahmen auf den vorliegenden Text hergestellt und dieser in seiner Tiefenstruktur besser erfasst werden.

LV / UG

VORLAGE 2b
➤ S. 20
ARBEITSBLATT 2b
➤ S. 26
VORLAGE 2c
➤ S. 27

Erläuterungen. Dieser Unterrichtsschritt soll den Schülerinnen und Schülern die Möglichkeit verschaffen, die wiederholten Spiegelungen der Sage im Text genauer zu betrachten und einen Eindruck davon zu gewinnen, inwiefern die verschiedenen Ebenen einander beeinflussen. Das Wissen der Lerngruppe reicht mittlerweile so weit, dass sie auch einige paratextuelle Informationen, etwa jene aus Storms im Entstehungszeitraum der Novelle verfassten Briefe, oder ein wenig historisches Wissen in die Überlegungen miteinbeziehen können. Nachdem der Begriff der »Mise en abyme« konkretisiert und auf Storms *Schimmelreiter* bezogen worden ist, soll die Lerngruppe nun wieder textnah arbeiten. Die Episode, die auf ARBEITSBLATT 2b zur Lektüre empfohlen wird, beschreibt die Tötung eines Katers durch Hauke Haien. Durch die Leitfragen auf ARBEITSBLATT 2b sollen die Schülerinnen und Schüler in die Lage versetzt werden, ihr eigenes Lese- und Deutungsverhalten stärker zu reflektieren, als das in größeren interpretativen Zusammenhängen der Fall ist. Der Zusammenhang wird später in der Unterrichtseinheit noch einmal eine größere Rolle spielen, bereits an dieser Stelle aber erweist er sich als bedeutungsvoll, weil dieser Ausschnitt die zuvor lediglich als rechtschaffen und klug charakterisierte Figur des Hauke Haien in ein ganz anderes Licht rückt. Charlotte Gauger beschreibt die Wirkungsweise derartiger Erzählverfahren folgendermaßen: »Die dem diskursiven Verlauf der Erzählung folgende Lektüre erschafft und bestimmt in wesentlichen Teilen den Grad der Ähnlichkeit zwischen dem eingelagerten und dem rahmenden Kunstwerk, indem die Rezeption des einen hinsichtlich des anderen erfolgt.« Diese Rezeptionslenkung habe eine doppelte Wirkung: Sie führe »in gewissen Aspekten zu einer Reduktion der Vieldeutigkeit der literarischen Zeichen, indem Leerstellen des Textes durch die unmittelbare Kontextualisierung gefüllt werden«, und zugleich werde »durch die Verknüpfung der Textelemente […] weiteres Bedeutungspotenzial hinzugefügt« (Ch. G., *Der Abgrund im Spiegel. Mise en abyme – zur Aufhebung der ontologischen Dichotomien von Kunst und Wirklichkeit*, Bielefeld 2019, S. 33).

Die Episode mit dem Kater lässt Hauke Haien erstmals im Text als eine ambivalente Figur erscheinen, die einerseits zwar ihre Ziele konsequent verfolgt und dabei nie ausfällig wird, andererseits aber offenbar auch zu jähen und unverhältnismäßig brutalen Verhaltensweisen in der Lage ist. Dies könnte bei der Lerngruppe zu einer (zumindest kurzfristig) veränderten Wahrnehmung des Protagonisten der Binnenerzählung führen, aus Perspektive der Lehrperson ließe sich aber noch wesentlich mehr daraus ableiten. Hier, im ›innersten‹ Erzählspiegel, wird die Hauptfigur selbst ›gebrochen‹. Hauke Haiens Hang zu präzisen Berechnungen und seine Priorisierung der Vernunft treten in einen unauflösbaren Widerspruch zu dem völlig unberechenbaren Gewaltausbruch in dieser Szene. So wie die Sage vom Schimmelreiter als eine Erzählung in den Text eingebettet ist, die einerseits als abergläubische Erzählung, andererseits als eine – in Bezug auf die erzählte Realität, die ja von der ursprünglichen Sage aus gedacht die Wirklichkeit ist – prophetische Geschichte inszeniert wird, tritt nun auch der Protagonist als ein doppeltes Wesen in Erscheinung. Wiewohl naturwissenschaftlicher Präzision und Nüchternheit verpflichtet, wird auch er in diesem Spiegelbild als ein von seiner eigenen Natur beherrschtes Wesen gezeigt. Dies führt dann konsequenterweise auch zum Bruch mit seinem Vater, der das ordnende Prinzip seines bisherigen Lebens repräsentiert. Der Eindruck, den diese Episode hinterlässt, relativiert sich im weiteren Verlauf der Erzählung rasch wieder, der Erzählstrang um Trien' Jans wird jedoch gegen Ende der Binnenerzählung erneut aufgegriffen und weiterentwickelt. Die Sage vom Schimmelreiter wird durch Episoden wie diese in Storms Text zu einem Text, der sich als veränderbar erweist und schließlich wesentlich mehr verhandelt als die Ursprungsgeschichte, nämlich den Widerstreit zwischen Aufklärung und Tradition (s. dazu die 3. Stunde), Ratio und Emotion, letztlich die Frage nach der inneren Gespaltenheit des zwischen Natur und Kultur befangenen Menschenwesens.

VORLAGE 2b

Mise en abyme

Mise en abyme: frz., ›In-Abgrund-Setzung‹

Historische Entwicklung:

Ursprung in der Heraldik: das Wappen im Wappen (hier zu sehen: das Wappen des Vereinigten Königreichs, 1816–1837). – CC BY-SA 3.0 / Wikimedia Commons / Sodacan

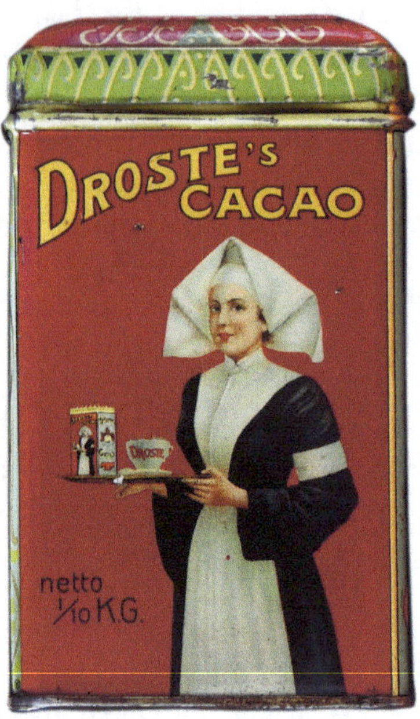

Droste's Cacao (Werbesujet für die niederländische Schokoladenfirma Droste; vermutlich von Jan Misset; um 1900)

Das »Bild im Bild« als eine Absage an die Kunst als Spiegel der Wirklichkeit:

René Magritte, *La réproduction interdite* (»Die verbotene Reproduktion«, 1937), Museum Boijmans Van Beuningen, Rotterdam / Studio Tromp. – © 2021 VG Bild-Kunst, Bonn.

VORLAGE 2c

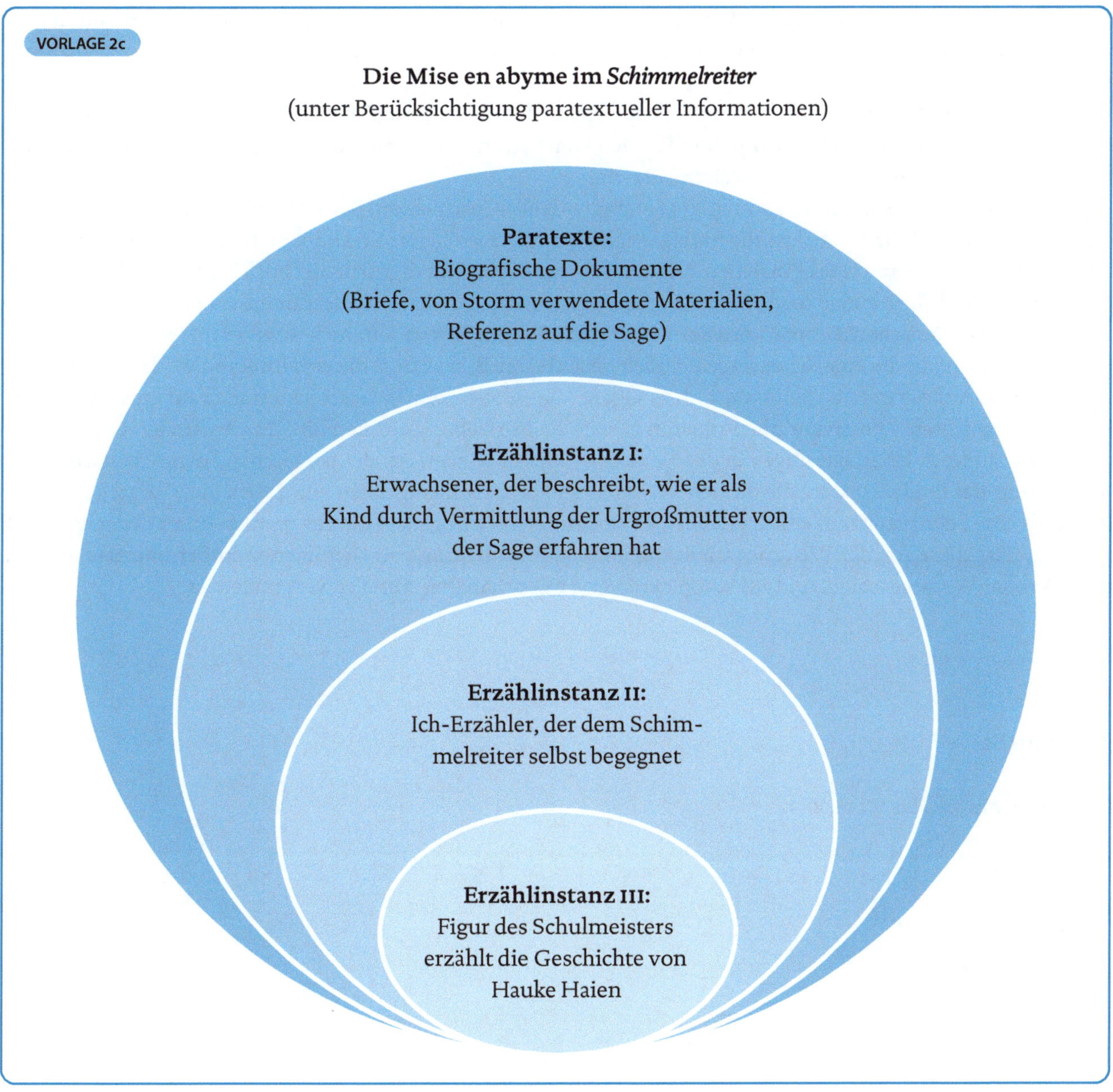

2.3 Meine Lebens-Geschichten (fakultativ)

EA / UG

Unterrichtsschritt. Den fakultativen Abschluss dieser Unterrichtseinheiten bildet die Erstellung einer »Geschichtenbiografie« unter Zuhilfenahme von ARBEITSBLATT 2c ***»Geschichtenbiografie«***.

ARBEITSBLATT 2c
➤ S. 27

Erläuterungen. Die Lerngruppe hat sich in den vergangenen Abschnitten intensiv mit der ›Gemachtheit‹ von Texten auseinandergesetzt. Nun setzt sich auch das eigene Leben der Schülerinnen und Schüler aus verschiedenen Erzählungen zusammen, von denen einige, beispielsweise in Form von familienintern tradierten Erinnerungsgeschichten, prägend für das eigene Leben geworden sind. Ziel der auf ARBEITSBLATT 2c formulierten Arbeitsaufträge ist es, die Lerngruppe in die Lage zu versetzen, zu erkennen, wie sehr auch die eigene Biografie von »Geschichten« im engeren oder weiteren Sinne bestimmt wird. Diese Geschichten zu verändern oder auch nur über deren Weitergabe bewusst entscheiden zu können, ist oft der Schlüssel zu einer performativen Veränderung des eigenen (Er-)Lebens.

Da die hier formulierten Aufgabenstellungen und die damit verbundenen Ziele sehr persönlich sind, sollte den Schülerinnen und Schülern die Wahl einer für sie jeweils passenden Fragestellung überlassen werden. Die Lehrperson ist an dieser Stelle aufgefordert, die Ergebnisse möglichst sensibel ins Plenum einzubringen, das Prinzip der Freiwilligkeit zu respektieren und einen Gesprächsverlauf zu gewährleisten, der die beteiligten Individuen weder bloßstellt noch mit ihrer persönlichen Lebensgeschichte exponiert. Die »Geschichten« sollen immer als solche behandelt und nicht auf ihre lebensweltlichen Bezüge, sondern vielmehr auf ihren fiktionalen Gehalt hin befragt werden.

In den Arbeitsaufträgen ist auch die Möglichkeit angelegt, das Thema für sich selbst weiter zu verfolgen. Selbstverständlich wäre auch ein fächerübergreifendes Projekt in diesem Zusammenhang denkbar, etwa in Kooperation mit den Fächern Geschichte oder bildnerische Erziehung.

Jede Schülerin und jeder Schüler wird hier ganz individuelle Geschichten, Sprüche und Lieder einbringen, und es ist ein Ziel dieser Arbeitsaufträge, die Einzigartigkeit unterschiedlicher »Erzählbiografien« und deren Einflüsse auf die Identität jeder und jedes Einzelnen aufzuzeigen. Ein wenig kündigt sich hier auch schon das Unheimliche an, das im *Schimmelreiter* eine so große Rolle spielt, denn es wird in diesem Zusammenhang auch deutlich, dass wir von den erzählerischen ›Gespenstern der Vergangenheit‹ geprägt werden, auch wenn es uns gar nicht bewusst ist. Das ist jedoch nur die eine, lebensgeschichtlich bedeutsame Erkenntnis, die sich im Rahmen dieser Übungen ergeben kann. Auf der anderen Seite weist unser eigenes ›Verwobensein‹ in Geschichten auch auf die Intertextualität von Geschichten, Filmen und allen anderen narrativen Darstellungsformen hin. Das Auffinden von Versatzstücken aus anderen Überlieferungen in der Novelle ist immer wieder Teil der vorgeschlagenen Arbeitsaufträge, und im Zuge der Entdeckungen, die die Schülerinnen und Schüler hier machen, wird auch die ›Gemachtheit‹ des Textes als eine Selbstverständlichkeit erlebbar. Es ist dennoch wichtig, dass die Lehrperson immer wieder darauf hinweist, dass diese Art der Weiterverarbeitung und Neubearbeitung von Geschichten in der Literatur stets in absichtsvoller Weise geschieht und auf komplexe Weise mit originären Anteilen verbunden ist.

Hausaufgabe

Lektüre der Novelle bis S. 101, Z. 32.

Der gespenstige Reiter und *Der Schimmelreiter*

Der gespenstige Reiter
Ein Reiseabenteuer

»Es war in den ersten Tagen des Monates April, im Jahre 1829 – so erzählte mir mein Freund –, als Geschäfte von Wichtigkeit mein persönliches Erscheinen in Marienburg erforderlich machten; ich musste mich also zu einer Reise dahin entschließen, so gern ich sie auch bis zur schönern Jahreszeit aufgeschoben hätte, denn wer selten reiset, macht so eine Partie lieber bei schönem Wetter; allein die Notwendigkeit der Sache machte, dass ich meine Reise beschleunigen musste.

Ein gemietetes Reitpferd stand um vier Uhr nachmittags vor meiner Türe; ich ließ den Braunen nicht lange warten, schwang mich hinauf, und nach wenigen Minuten hatte ich Danzig im Rücken.

Mein Weg längs der Chaussee ging gut, und das einzige Hindernis, welches ich zu bekämpfen hatte, war das kalte, unangenehme, regnigte Wetter.

Durchfroren und durchnässt kam ich bei ziemlicher Dunkelheit in Dirschau an, stieg im erstgelegenen Gasthof ab, um ein wenig zu ruhen, meinem sich einfindenden Appetit durch einen Imbiss zu begegnen und durch einen erwärmenden Trunk meine Glieder zu erfrischen; fragte unter anderm den Wirt, wie es mit der Weichsel stände, und bekam zur Antwort: ›Schlecht; Ihr Hinüberkommen wird nicht allein beschwerlich, sondern auch gefährlich sein‹; doch ich durfte mich nicht abschrecken lassen, weil ich nach meinem Bestimmungsorte musste, und womöglich wollte ich dort noch an demselben Abend eintreffen; ich bezahlte dem Wirte meine Rechnung und eilte weiter; aber angekommen an der Weichsel, wurde ich von den Fährknechten zu meinem Schrecken unterrichtet, dass das heutige Hinüberkommen für keinen Preis ausführbar sei, wenn ich nicht mit Gewalt in die Arme des Todes eilen wolle; auch sahe ich zum Teil die Unmöglichkeit der Sache wohl selber ein; doch wurde mir der Vorschlag gemacht, dass ich bis zur Güttländer Fähre reiten solle, weil dort das Hinüberschaffen vielleicht noch zu bewerkstelligen sein würde. Ich ließ mir dieses nicht zweimal sagen, griff in die Zügel, lenkte um, und fort ging's zur Güttländer Fähre. –

Dunkler und dunkler wurde es rings um mich, nur hin und wieder drang das Leuchten eines Sternes durch die Nebelwolken, fremd war mir die in schwarze Schatten gehüllte Gegend, kein menschliches Wesen erblickte ich, und nur das Brausen des Sturmes und das Geprassel des durch das Wasser immer höher gehobenen und geborstenen Eises waren meine schaurigen Begleiter. – Da plötzlich höre ich dicht hinter mir das rasche Trappeln eines Pferdes und freudig, in dem Wahne, einen Gesellschafter nahe zu haben, blicke ich mich erwartungsvoll um und sehe – nichts –, wohl aber trabt es immer schärfer und näher, mein Brauner schnaubt und stampft, kaum vermochte mein spitziger Sporn ihn vorwärts zu treiben, und ein kalter Schauer überlief meinen ganzen Körper; doch beruhigte ich mich, da mein sonderbarer Begleiter verschwunden zu sein schien; als ich ihn aber plötzlich wieder, ohne ihn zu sehen, vor mir hersprengen hörte, war es, als wollten mir meine Glieder die Dienste versagen, ein Fieberfrost durchrieselte mich, und mein Pferd wurde höchst unruhig; was aber die Unheimlichkeit noch mehr vermehrte, war: dass dieses unbegreifliche Wesen mir plötzlich und pfeilschnell vorüber zu sausen schien – so hörte sich das ungewöhnliche Geräusch wenigstens an, welches sich wieder allmählich verlor, um aber, wie es schien, mit erneuter Schnelligkeit zurückzukehren; es wieder hören, dicht hinter mir haben, die anscheinende Gestalt eines weißen Pferdes, mit einem schwarzen, menschenähnlichen Gebilde darauf sitzend, mir im fliegenden Galopp vorbeireiten zu sehen, war eins; mein Brauner machte einen Seitensprung, und es fehlte nicht viel, so wären wir beide den Damm, ohne es zu wollen, hinabgestürzt.

Ich habe die letzten Feldzüge mitgemacht, feindliche Kugeln töteten neben mir meine besten Kameraden, vom Kanonendonner bebte die Erde, doch mich machte nicht erbeben; aber hier auf dem Weichseldamme, ich gestehe es zu meiner Schande, zitterte ich an allen Gliedern. –

Da hörte ich in der Ferne das Bellen eines Hundes und wurde das Blinken eines Lichtes gewahr. Ha! dachte ich, da werden sich auch Menschen befinden, wie du einer bist; schnell ritt ich dem Lichtscheine entgegen und kam an eine sogenannte Wachtbude; ich stieg ab und fragte die darin versammelte Menge, ob ich bei ihnen die Nacht über verweilen könnte – denn für heute war ich des Reisens satt –, und meine Frage wurde mit Ja beantwortet.

Froh, ein schützendes Obdach gefunden zu haben, brachte ich zuerst mein Pferd in Sicherheit, setzte mich dann ruhig in eine Ecke, pflegte mich, so gut es sich tun ließ, und hörte die Gespräche der Landleute, die hier auf Eiswache waren, mit an; ließ aber wohlbedächtig, um mich nicht Neckereien preiszugeben, nichts von meinem überstandenen Abenteuer merken.

Da war's, als rauschte irgendetwas dem Fenster vorbei. Mit einem Schreckensausruf sprangen mehrere Männer auf, und einer von ihnen sagte: ›Es muss irgendwo große Gefahr sein, denn der Reiter auf dem Schimmel lässt sich sehen‹, und der größte Teil eilte hinaus.

Der Reiter nun befremdete mich nicht, wohl aber die gemachte Bemerkung, weshalb ich den neben mir sitzenden alten Mann ersuchte, mir hierüber eine genügende Erklärung zu geben, worauf ich folgende Auskunft erhielt:

›Vor vielen Jahren, da sich auch unsere Vorfahren hier einst versammelt hatten, um auf den gefahrdrohenden Eisgang genau achtzuhaben, bekleidete ein entschlossener, einsichtsvoller und allgemein beliebter Mann aus ihrer Mitte das Amt eines Deichgeschworenen. An einem jener verhängnisvollen Tage entstand eine Stopfung des Eises, mit jeder Minute stieg das Wasser und die Gefahr; der erwähnte Deichgeschworene, der einen prächtigen Schimmel ritt, sprengte auf und nieder, überzeugte sich überall selbst von der Gefahr und gab zu deren Abwehr die richtigsten und angemessensten Befehle; dennoch unterlagen die Kräfte der schwachen Menschen der schrecklichen Gewalt der Natur, das Wasser fand durch den Damm einen Durchweg, und schrecklich war die Verheerung, die es anrichtete. Mit niedergeschlagenem Mute kam der Deichgeschworene in gestrecktem Galopp beim Deichbruche an, durch den sich das Wasser mit furchtbarer Gewalt und brausendem Getöse auf die so ergiebigen Fluren ergoss; laut klagte er sich an, auf diese Seite nicht genug achtgegeben zu haben, sah darauf still und unbewegt diesen Schrecken der Natur einige Augenblicke an; dann schien ihn die Verzweiflung in vollem Maße zu ergreifen, er drückt seinem Schimmel die Sporen in die Seiten, ein Sprung – und Ross und Reiter verschwinden in dem Abgrund. – Noch scheinen beide nicht Ruhe gefunden zu haben, denn sobald Gefahr vorhanden ist, lassen sie sich noch immer sehen.‹ –

Ich setzte am andern Morgen meine Reise weiter fort, sah den Reiter nicht wieder, wohl aber die schreckliche Verheerung, die das Wasser im obengenannten Jahre angerichtet hatte.

Hiermit schloss mein Freund, beteuerte die Wahrheit der Sache und schien durch mein Kopfschütteln verdrießlich werden zu wollen.«

Johann Joseph Christian Pappe (Hrsg.): Lesefrüchte vom Felde der neuesten Literatur des In- und Auslandes. Hamburg 1838. H. 2. S. 125–128. – Hier wiedergegeben nach: Theodor Storm: Ausgewählte Werke. Krit. durchges. Ausg. in 4 Bdn. Hrsg. von Karl Hoppe. Bd. 4. Braunschweig [u. a.] 1949. S. 424–428. [Behutsam modernisiert.]

ARBEITSBLATT 2a (Seite 3 von 3)

Arbeitsauftrag:
Bitte vergleichen Sie die abgedruckte Sage vom *gespenstigen Reiter* mit dem Textauszug in *Der Schimmelreiter*, Reclam XL, S. 4, Z. 32 – S. 6, Z. 30 in Hinblick auf folgende Aspekte:

1. Ähnliche Formulierungen/Wortwahl: An welchen Stellen übernimmt Storm einzelne Worte, Formulierungen oder Motive aus der Sage, wo können Sie Unterschiede ausmachen?
2. Wie unterscheidet bzw. in welcher Weise ähnelt sich die Wahrnehmung des Beobachters in den beiden Fällen? Was wird jeweils gehört? Was gesehen? Gibt es einprägsame Formulierungen, die Ihnen hier auffallen?

	Sehen	Hören	Einprägsame Formulierungen
Schimmelreiter			
Der gespenstige Reiter			

ARBEITSBLATT 2b

Arbeitsauftrag

Bitte lesen Sie folgenden Textausschnitt: *Schimmelreiter*, Reclam XL, S. 18, Z. 18 – S. 20, Z. 6.

In diesem Abschnitt wird die Tötung eines Katers durch Hauke Haien geschildert. Während zuvor die Sage vom Schimmelreiter für beide Erzählinstanzen im Vordergrund steht, entscheidet sich der Schulmeister dafür, diese Episode aus Hauke Haiens Jugend in seine Binnenerzählung einzubauen.

- Wie empfinden Sie diese Information als Rezipientin oder Rezipient?
- Inwiefern verändert sich Ihre Wahrnehmung der Figur Hauke Haien im Spiegel dieser innersten Erzählebene?
- Was genau beziehen Sie in Ihre Überlegungen mit ein, wenn Sie die Figur Hauke Haien nun erzählerisch so beschrieben finden?
- Wirken diese Überlegungen zurück auf die Sage vom Schimmelreiter? Wenn ja, in welcher Weise?

»Geschichtenbiografie«

Stellen Sie sich ihr Leben als eine Erzählung vor, in die verschiedenste Arten von »Erzählungen« eingewoben sind. Das waren in ihrer frühen Kindheit vielleicht Märchen, Sagen oder Fabeln, über die Sie u.a. die Dimensionen von »Gut« und »Böse« kennen gelernt haben. Später waren es sicherlich auch Geschichten, die Ihnen nahe Verwandte über ihre eigene Kindheit erzählt haben und die auch eine Interpretation und eventuell wesentlich mehr Fiktionales enthalten haben, als dem Erzähler oder der Erzählerin bewusst war. In das Gewebe Ihrer eigenen »Geschichtenbiografie« fügen sich aber wohl auch kleinere (volks-)literarische Formen ein, etwa Lieder, Gedichte, Sprüche oder (erzieherische) Merksätze. Mit der folgenden Übung können Sie einen kleinen Teil Ihrer eigenen »Geschichtenbiografie« festhalten oder auch verändern, interpretieren oder umschreiben. Bitte wählen Sie nun eine der drei folgenden Aufgabenstellungen aus und führen Sie diese in Einzelarbeit durch:

1. Suchen Sie sich eine »Lieblingsgeschichte« (Sage, Märchen, Gute-Nacht-Geschichte etc.) aus Ihrer Kindheit aus. Betrachten Sie nun rückblickend den Einfluss, den diese Geschichte auf Ihr Leben hatte und gehen Sie dabei folgendermaßen vor: Sie schreiben einen Satz, der das Wesentliche der Geschichte für Sie gut zusammenfasst, auf. Orientieren Sie sich dabei an folgendem Muster: »Bei Rotkäppchen habe ich gelernt, dass man sich vor dem Bösen schützen muss und dass jemand, der freundlich tut, auch böse sein kann.« Wenn Sie diesen Satz notiert haben, schreiben Sie bitte zwei Minuten lang weiter, ohne den Stift abzusetzen. Notieren Sie einfach, was Ihnen durch den Kopf geht, auch wenn es nichts mit der Geschichte zu tun zu haben scheint.

- Welche Assoziationen tauchen auf? Welchen Einfluss könnte die ausgewählte Geschichte auf Ihr Leben gehabt haben?

2. Denken Sie an einen Spruch, einen (erzieherischen) Merksatz oder ein Lied, den/das Sie als Kind immer wieder gehört haben und der/das sich Ihnen sehr eingeprägt hat. Denken Sie nun an eine Situation in ihrem späteren Leben, in der Sie sich plötzlich wieder an diesen Spruch / diesen Satz / dieses Lied erinnert haben. Schreiben Sie diese Situation nun in Form einer literarischen Kurzgeschichte auf. Sie können Zeit, Ort, Figuren und Handlung dabei nach Belieben variieren.

- Betrachten Sie nun das Ergebnis: Welche Geschichte ist daraus entstanden? Was hat die Entstehung dieser neuen Geschichte gelenkt? Bitte notieren Sie die entsprechenden Kategorien.

3. Erinnern Sie sich an eine Geschichte aus Ihrer eigenen Biografie, die Sie nun durch eine erzählerische Vermittlung kennen (etwa: die Geschichte Ihrer Geburt; Ihres ersten Wortes; eines Unfalls in der frühen Kindheit; einer lustigen Begebenheit im Kleinkindalter etc.). Nun erinnern Sie sich an eine Geschichte, die Sie früher gerne gelesen oder gehört haben. Versuchen Sie, diese beiden Geschichten »zusammenzufügen«, etwa indem Sie die fiktive Geschichte als »Gerüst« nehmen und ihre eigene biografische Erinnerung in diese einschreiben.

- Wie hat sich die biografische Geschichte dadurch verändert? Welche Teile haben Sie aus der rein fiktiven Geschichte übernommen, welche aus Ihrer eigenen? Passen diese beiden Geschichten für Sie zusammen?

3 Hauke Haiens Geschichte als Teil des Konflikts zwischen Traditionalismus und Aufklärung verstehen

Sachanalyse

Spätestens seit Heinrich Deterings fundierter Darstellung des Zugangs Theodor Storms zu Fragen der politischen Haltung dürfte klar geworden sein, dass der vom Autor selbst durch einige Aussagen mitzuverantwortende Irrtum, er sei ein dezidiert unpolitischer Schriftsteller, nicht der Realität seines Lebens und auch nicht den Intentionen seines literarischen Werks entspricht.[1] Wie Detering betont, waren es vor allem die politischen Grundsatzfragen, inklusive einer Gesinnungsethik, die Storm beschäftigten.[2] Zwar bekannte er sich zeitlebens zu gewissen Werten, unter denen vor allem Demokratie und das Streben nach sozialer Gerechtigkeit zu nennen sind, gerade im Spätwerk tauchen aber auch Überlegungen zu individuellen Lebensentwürfen und deren Kompatibilität mit gesellschaftlichen Ansprüchen auf. Im *Schimmelreiter* ist es vor allem die Frage nach Tradition und Erneuerung, die den Autor, der stets sehr heimatverbunden, dennoch gerade in literarischen Belangen innovativ und risikofreudig war, beschäftigten. Sieht man sich das Figureninventar der Novelle, seiner letzten, an, so fällt auf, dass dieses weitgehend zweigeteilt ist und einzelne Handlungsträger bzw. -trägerinnen entweder einer Schicht angehören, die sehr traditionsverbunden, dabei auch abergläubisch und fortschrittsfeindlich ist, oder aber dem Protagonisten der Binnenerzählung, Hauke Haien, nahestehen und für Erneuerung und die Durchsetzung naturwissenschaftlicher Erkenntnisse stehen. Im Zwischenraum dieser beiden stark konturierten Figurengruppen stehen die Erzählinstanzen, allen voran der alte Schulmeister, der Hauke Haien als eine äußerst ambivalente Figur zeichnet, die dem eigenen Ideal des Rationalismus längst nicht immer gehorcht und aus der ehrgeizigen Forderung, einen Damm zu bauen, der die Dorfbewohner schützen kann, auch die Distanz zu deren Lebens- und Sichtweisen ableitet. Vielleicht einzig mit Herder vergleichbar, dessen Abhandlung *Auch eine Philosophie der Geschichte zur Bildung der Menschheit*[3] als eine Liebeserklärung an die Aufklärung gelesen werden kann, die dieser alle ihre Fehler mit äußerst feinem Gespür für die ihr innewohnenden Widersprüche aufzeigt, schafft Storm es mit dieser Novelle, die Dialektik des vernunftgeleiteten Denkens zu skizzieren, das seinen eigenen Bedingungen, die nun einmal grundlegend menschliche sind, unterliegt, und damit stets vom Natürlichen ›kontaminiert‹ und dem Irrationalen tief verbunden ist. Die Tragödie Hauke Haiens erwächst aus einer misslingenden Verbindung von Vergangenheit und Zukunft, die sich in unterschiedlicher Weise in jeder Figur der Novelle widerspiegelt.

1 Vgl. Heinrich Detering, »Storms Politik«, in: *Storm-Handbuch. Leben – Werk – Wirkung*, hrsg. von Christian Demandt und Philipp Theisohn, Stuttgart 2017, S. 33.
2 Vgl. ebd., S. 33 f.

3 Johann Gottfried Herder, *Auch eine Philosophie der Geschichte zur Bildung der Menschheit*, Stuttgart 2012.

Unterrichtsverlauf

Überblick. Die Lerngruppe kennt nun den Anfang der Novelle und damit einige Elemente, die diesen Text ausmachen: die verschachtelten Erzählebenen, die Hauptfiguren und ihre unterschiedlichen Positionierungen an den Bruchlinien »Erneuerung/Moderne« (Hauke Haien) und »Bekanntes/Traditionalismus« (Dorfgemeinschaft), die ambivalente Charakterstruktur des Protagonisten und sein ebenso von Widersprüchen gekennzeichnetes Verhältnis zu Elke Haien. Die Lehrperson bietet zunächst einen einführenden Überblick, der die historisch-gesellschaftlichen Dimensionen eines aufgeklärten Denkens in den Blick nimmt, das, v. a. im ländlichen Raum, noch auf die starren und wirkmächtigen Strukturen von Traditionalismus und Patriarchat trifft. Alle weiteren Aufgabenstellungen dieser Unterrichtsstunde, die auf den Text und die Figurencharakterisierung Hauke Haiens fokussieren, liegen in Form von Arbeitsblättern vor, die den Schülerinnen und Schülern einen selbständigen Zugang zur Thematik ermöglichen.

Phase	Thema	Sozialform	Kompetenzen und Lernziele	Materialien
Voraussetzungen: Lektüre der Novelle bis S. 101				
3.1	Diskrepanzen zwischen Traditionalismus und Aufklärung verstehen	UG / PA	• »Tradition« und »Aufklärung« als Begriffe kennen lernen • Die antagonistisch angelegte Figurenkonstellation erkennen	VORLAGE 3 ➤ S. 30 ARBEITSBLATT 3a ➤ S. 34
3.2	Erste Interpretationsansätze zum Text erarbeiten	PA / UG	• Hauke Haiens Situation als eine historische erkennen können • Die Rolle von Tradition und Erneuerung als Rahmen der Lebensgeschichte des Protagonisten begreifen lernen • Auswirkungen der gesellschaftlichen Zwänge auf das soziale Zusammenleben erkennen können • Geschlechterrollen erkennen und verstehen	ARBEITSBLATT 3b ➤ S. 35
3.3	Die Figur Hauke Haien in ihrer Widersprüchlichkeit verstehen	PA	• Hauke Haiens inneres Erleben am Text nachvollziehen können • Ambivalenz und Mehrdeutigkeit als Grundstruktur literarischer Texte kennen lernen	ARBEITSBLATT 3c ➤ S. 36
HA	Lektüre der Novelle bis S. 146 (Schluss)			*Schimmelreiter*, Reclam XL, 102,1–146,4

3.1 Diskrepanzen zwischen Traditionalismus und Aufklärung verstehen

UG / PA

VORLAGE 3 ➤ S. 30
ARBEITSBLATT 3a ➤ S. 34

Unterrichtsschritt. In einem ersten Schritt kann nun die Lehrperson anhand von VORLAGE 3 ***Grundzüge und Merkmale des aufklärerischen Denkens und des Traditionalismus*** den Schülerinnen und Schülern vermitteln, in welcher Weise die Begrifflichkeiten »Tradition« und »Aufklärung« im vorliegenden Kontext gebraucht werden. Dafür werden die Denkhaltungen in bewusst dichotomer Weise vorgestellt. Die Inhalte der VORLAGE 3 richten sich dabei nicht nach unterschiedlichen historischen Ausdifferenzierungen der genannten Begrifflichkeiten, sondern beschränken sich auf die für den vorliegenden Text relevanten Merkmale dieser beiden Geisteshaltungen. Wenn nun die Basis für eine entsprechende Betrachtung des Textes durch die Schülerinnen und Schüler gelegt ist, wird die Lerngruppe anhand von ARBEITSBLATT 3a ***»Traditionalismus« und »Aufklärung« im »Schimmelreiter«*** an die eigenständige Analyse des Textes in Hinblick auf die genannten Kategorien herangeführt.

Erläuterungen. Diese Einheit ist zunächst der Begriffsklärung gewidmet, da es für die Lerngruppe von entscheidender Bedeutung ist, die charakteristischen Züge der Aufklärung zu verstehen und die historischen Grundlagen zu kennen, die diesen massiven gesellschaftlichen Umbruch hervorgebracht haben. Dieses – an dieser Stelle selbstverständlich nur rudimentär vermittelbare – Wissen wird im Anschluss auf die Novelle bezogen, deren Figureninventar jeweils der einen oder der anderen Seite zugerechnet werden kann. Die Schülerinnen und Schüler sollen nach einem gemeinsamen Einstieg eigenständig über die Figuren als Repräsentantinnen und Repräsentanten einer bestimmten Denkweise nachdenken und diese innerhalb des Spannungsfeldes Traditionalismus/Aufklärung einordnen können.

Die Mehrdeutigkeit des Textes tritt durch eine solche sehr analytische und scheinbar eindeutig zu lösende Aufgabenstellung in den Hintergrund. Aufgabe der Lehrperson ist es daher, die vermeintlich eindeutigen Positionierungen der Figuren zu relativieren und wieder an deren ursprüngliche literarische Unbestimmtheit zu erinnern. Am besten gelingt dies durch die nähere Betrachtung der äußerst vieldeutig gezeichneten Figur Hauke Haien, der der folgende Unterrichtsschritt 3.2 gewidmet ist.

Zum ARBEITSBLATT 3a : Während Hauke Haien als ein klassischer Vertreter aufklärerischen Denkens gelten kann, ist Elke Haien zwar als mathematisch begabte und eher nüchtern denkende Frau ebenfalls dem rationalen Denken verpflichtet, sie erkennt aber in manchen Situationen auch die Gefahr, die von der tiefen Verwurzelung in Tra-

VORLAGE 3

Grundzüge und Merkmale	
des aufklärerischen Denkens	**des Traditionalismus**
Grundannahme: Alle Menschen sind von Natur aus frei und vernunftbegabt	Grundannahme: Die menschliche Vernunft darf nicht über allen anderen Grundsätzen stehen, es gibt tradierte (kollektive) Werte und Normen (z. B. Religion; hierarchische Gesellschaftsordnung etc.), denen sich der Wille des Einzelnen unterordnen muss.
Daraus folgt: • Recht auf Bildung • Erziehung zur »Mündigkeit« • Unbedingter Fortschrittsglaube • Toleranzprinzip • Grundlegung des Individualismus • Kollektiv verliert an Bedeutung • Erstmals in der Menschheitsgeschichte: Kritik an allem, was als »althergebracht« gilt, d. h. an Autoritäten (z. B. Kirche, Gottesgnadentum) und hierarchischen Strukturen ebenso wie an Mythen und Aberglaube	Daraus folgt: • Gesellschaftlicher Ist-Zustand orientiert sich am Etablierten • Erziehung zu einem tendenziell eher »bewahrenden« als »voranschreitenden« Denken • Religion als Wert an sich • Kein Ausschluss demokratischer Prinzipien • Kollektiv hat gegenüber dem Individuum Vorrang
Grundprinzip: Was vernünftig ist, ist auch gut.	Grundprinzip: Was immer war, hat seinen guten Grund und darf nicht einfach verworfen werden
Vordenkerinnen/Vordenker und wesentliche Errungenschaften: • *Olympe de Gouges* (1748–1793): Einsatz für Frauenrechte, Revolutionärin, unter der Terrorherrschaft Robespierres ermordet • *Charles-Louis de Secondat Montesquieu* (1689–1755): begründete das rechtsstaatliche Prinzip der Gewaltenteilung (Exekutive, Legislative, Jurisdiktion) • *Jean-Jacques Rousseau* (1712–1778): Prinzip der Rechtsgleichheit; Forderung einer politischen Macht, die vom Volk ausgeht (demokratisches Ideal) *Voltaire* (1694–1778): politische Literatur; Ironie als wesentliches Stilmittel Im Denken der Aufklärung wurzeln: • Französische Revolution von 1789 • Erklärung der Menschenrechte Kritische Beurteilung des aufklärerischen Denkens: Frankfurter Schule, insbes. Theodor W. Adorno und Max Horkheimer in *Dialektik der Aufklärung, Philosophische Fragmente*	Vordenker und wesentliche Errungenschaften: • Große Bandbreite von Denkansätzen, als eigene Geisteshaltung erst sichtbar, als die Aufklärung andere Grundsätze einforderte; als eigene Denkrichtung wie die Aufklärung – und in direktem Zusammenhang mit dieser – in Frankreich entstanden • *Hugues Félicité Robert de Lamenais* (1782–1854): katholischer Priester und Philosoph; explizite Ablehnung der aufklärerischen Prinzipien und Ziel, den Glauben vom Vorwurf des Aberglaubens zu befreien; strikte Trennung von Kirche und Staat, dabei der Institution Kirche tief verbunden, die päpstliche Autorität stellte er nicht infrage • *Johann Gottfried Herder* (1744–1803): evangelischer Theologe; *Auch eine Philosophie der Geschichte zur Bildung der Menschheit* (1774): aufklärerisches Denken behaupte, sich von allem althergebrachten »Aberglauben« zu verabschieden, hätte ohne diese »Vorarbeit« vergangener Generationen aber gar nicht entstehen können; Sympathie für eine weniger autoritäre, demokratischere Gesellschaft

dition und Aberglauben für diejenigen ausgeht, die sich dem Althergebrachten ganz verweigern wollen. Abgesehen davon verspürt Elke eine Ambivalenz in sich, wie sie etwa in der Begräbnisszene (S. 60) besonders deutlich wird:

»[...] dann füllten ihre Augen sich mit Tränen, ihre über der Brust gefalteten Hände sanken in den Schoß; ›Vater unser, der du bist im Himmel!‹, betete sie voll Inbrunst. Und als das Gebet des Herrn zu Ende war, stand sie noch lange unbeweglich, sie, die jetzige Herrin dieses großen Marschhofes; und Gedanken des Todes und des Lebens begannen sich in ihr zu streiten.« (60,28–35)

Der Unterschied zwischen Hauke und Elke ist subtil und v.a. nicht ganz einfach erkennbar, wenn die Lektüre noch nicht über die ersten 100 Seiten hinaus vorgenommen wurde. Gerade die differenzierte Betrachtung der Figur Elke Haien wird somit voraussichtlich noch etwas Unterstützung durch die Lehrperson bedürfen.

Trien' Jans ist eine der bedeutsamsten Nebenfiguren im *Schimmelreiter*, tritt sie doch bereits in einer sehr einprägsamen Szene zu Beginn der Novelle ins Bewusstsein der Leserschaft, da Hauke Haien ihren Kater tötet. Zu diesem Zeitpunkt wird bereits deutlich, dass der Kater für sie eine enge Verbindung zu ihrem verstorbenen Sohn aufweist – ein Zusammenhang, der sich nicht rational erklären lässt und von Hauke Haien konsequenterweise ignoriert wird. (Später im Text nimmt Elke Haien die alte Trien' bei sich auf und sie wird eine wichtige Bezugsperson für die kleine Tochter Wienke. In diesen Szenen wird die Zugehörigkeit Trien's zu einer ›alten Welt‹ noch deutlicher hervorgehoben, etwa wenn sie der kleinen Wienke die Geschichte vom »Wasserweib«, S. 119 erzählt.)

Ole Peters ist schließlich als klassischer Antagonist zu Hauke Haien entworfen, er tritt für die Bewahrung des Althergebrachten ein. Seine Motivation dies zu tun, entwickelt sich weniger aus einer tatsächlichen Überzeugung denn aus einem Rachegefühl Hauke Haien gegenüber, dem er seine gesellschaftliche Position neidet.

3.2 Erste Interpretationsansätze zum Text erarbeiten

Unterrichtsschritt. Mit Hilfe der auf ARBEITSBLATT 3b ***»Traditionalismus« und »Aufklärung« in der Dorfgesellschaft*** formulierten Arbeitsaufträge werden nun von den Schülerinnen und Schülern eigene Interpretationsansätze formuliert. Zu Beginn werden sie gebeten, sich in den Text und die Unruhen um den Deichbau hineinzuversetzen und den inneren Monolog eines Dorfbewohners zu verfassen.

PA / UG

ARBEITSBLATT 3b

➤ S. 35

Nach der Beantwortung weiterer Fragen zum Verhältnis zwischen Hauke und Elke, die dabei helfen sollen, weitere wesentliche Aspekte des Textes zu erschließen, sollen die unterschiedlichen Zugänge bzw. entstandenen Interpretationsansätze in einem Unterrichtsgespräch miteinander in Beziehung gesetzt und etwa der Zusammenhang zwischen der Aufweichung der ständischen Gesellschaftsordnung und patriarchalen Strukturen von der Lehrperson noch einmal hervorgehoben werden.

Erläuterungen. In dieser Phase, die erstmals nicht mehr nur der Analyse erzählerischer Verfahren, sondern auch bisher noch wenig beachteten inhaltlichen Aspekten der Novelle gewidmet ist, sollen die Schülerinnen und Schüler ihr Augenmerk auf die Rahmenbedingungen richten können, unter denen sich Hauke Haiens Geschichte entwickelt. Hierzu gehört einerseits das Aufwachsen in einer ständischen Gesellschaftsordnung, die sich allerdings bereits als brüchig erweist und im sozialen Aufstieg des Protagonisten eine starke Infragestellung erfährt. Nicht nur in dieser Hinsicht werden die sozialen Beziehungen im weiteren Verlauf der Erzählung des alten Schulmeisters eine große und letztlich tragische Rolle spielen. Die Grundzüge der gesellschaftlichen Problematik, die Hauke Haiens individuelle Lebensgeschichte rahmt, werden bereits mit der Lektüre der ersten 100 Seiten der Novelle nachvollziehbar und sollen nun von der Lerngruppe herausgearbeitet bzw. explizit gemacht werden. Vor allem gegen Ende der bisher gelesenen Textteile wird die Beziehung zwischen Hauke und seiner zukünftigen Frau Elke verstärkt thematisiert, wobei dieser Aspekt der Geschichte, die die Frage des Geschlechterverhältnisses impliziert, die Schülerinnen und Schüler auch als eine bis in die Gegenwart hinein relevante interessieren wird. Mit der Infragestellung des ständischen Systems, die durch Hauke Haiens beruflichen Aufstieg markiert wird, tritt auch eine – an vielen Stellen nur ganz subtil in die Novelle eingewobene – Metamorphose in Hinblick auf die Eheschließung und das daran anschließende Zusammenleben von Mann und Frau ein: Elke wird nicht mehr standesgemäß verheiratet, ihre Entscheidung für Hauke Haien scheint dem Ideal der Liebesheirat zu entsprechen, und doch ist der pragmatische Aspekt dieser Vereinigung unverkennbar. Letztlich wird es die Eheschließung mit der Tochter des alten Deichgrafen, einer sehr klugen, aber auf Grund ihres Geschlechts dennoch nicht zur Deichgräfin ›geeigneten‹ Frau sein, die den sozialen Aufstieg Hauke Haiens ermöglicht. Der Text lässt die Leseweise zu, da Haukes Aggression schon zu Beginn der Binnenerzählung aus den Beschränkungen erwächst, die ihm die Gesellschaft auferlegt. Die Ermordung des Katers, die ebenfalls in diesem Textabschnitt geschildert wird, ist eine der einprägsamsten Episoden in diesem Zusammenhang, später sind einige Szenen, in denen Hauke Haien rüde mit den Arbeitern am Deich umgeht, assoziativ mit dieser »Urszene« seiner Brutalität verbunden. Die Lerngruppe soll nun mit Hilfe des ARBEITSBLATT ES 3b diese Zusammenhänge möglichst eigenständig erarbeiten und die Ergebnisse in einem die Einheit abschließenden Unterrichtsgespräch mit anderen Zugängen bzw. Leseweisen vergleichen können. Die Mehrdeutigkeit des Textes soll hiermit zu einer wesentlichen Kategorie werden, ebenso wie die Frage, welche Interpretationsansätze am Text nachgewiesen werden können, welche also im Sinne der Binnenerzählung ›zulässig‹ sind und welche nicht.

Zu den Arbeitsaufträgen von ARBEITSBLATT 3b im Einzelnen:

Arbeitsauftrag 1: In den ausgewählten Abschnitten wird deutlich, dass Hauke Haien sehr ehrgeizige Ziele verfolgt und daraus auch Kraft bezieht. Die zurückhaltenden Einwürfe Elkes lassen erkennen, dass sie sich unsicher ist, ob Hauke sich mit dem gewaltigen Vorhaben, das der Bau eines neuen Deiches bedeutet, nicht übernommen hat. Hauke wiederum erweist sich gerade in der direkten Konfrontation mit der Dorfbevölkerung als besonnen in seinen Absichten und geschickt in der Argumentation seiner Pläne. Dennoch wird im zweiten Textabschnitt auch offensichtlich, dass Hauke Haien die Sorgen der anderen, die mitunter auch in Aggression umschlagen, nicht beachtet und ganz und gar als ein sehr von sich eingenommener Einzelkämpfer agiert. All dies könnte in die Betrachtung des Dorfbewohners miteinfließen.

Arbeitsauftrag 2a: Elke erweist sich hier als eine äußerst umsichtige und kluge Frau, die sich ihrer Verantwortung für die Zukunft des Dorfes wohl bewusst ist. In der ausgewählten Szene wird auch deutlich, dass sie es ist, die auf Grund ihrer Herkunft und ihres Besitzes Hauke »zum Deichgrafen []macht« (72,22 f.) und sich damit in einer überlegenen Position befindet. Elke wird vom Oberdeichgrafen deutlich auf diesen Umstand hingewiesen, aber sie macht den Eindruck, sich ihrer Sache sehr sicher zu sein, und es weist auch nichts darauf hin, dass sie ihre Machtposition jemals gegen Hauke ausspielen wollte. Dennoch ist dies eine Schlüsselszene in Bezug auf die Geschlechterrollen und deren – sich langsam aufweichende – Hierarchie. Zwar muss sich Elke für die Heirat mit Hauke nicht gegen ihren Vater stellen, aber es ist letztlich doch ihre Entscheidung, diese Verbindung einzugehen. Von einer Zwangsheirat kann also keinesfalls die Rede sein, ob es eine Liebesheirat ist, lässt die Novelle allerdings offen. Elke ist eine sehr vernünftig denkende Frau, ihre Definition von Liebe scheint keine romantische zu sein, und dass ihre Wahl ausgerechnet auf denjenigen fällt, der für das Amt des zukünftigen Deichgrafen am besten geeignet scheint, ist womöglich kein Zufall. Der Text lässt keine endgültige Interpretation dieser Beziehung zu, jedoch sollten die Schülerinnen und Schüler auf die möglichen Sichtweisen auf diese Eheschließung aufmerksam gemacht werden.

Arbeitsauftrag 2b: In dieser Szene wird klar ersichtlich, dass es Hauke Haien in Rage versetzt, wenn sich die anderen darüber lustig machen, dass er nur auf Grund der Eheschließung mit Elke zum Deichgrafen werden konnte. Dieser Vorwurf erwächst aus patriarchal-traditionalistischen Wurzeln und Hauke denkt grundsätzlich falsch, wenn er meint, ihn mit dem Beweis seiner Fähigkeiten für das Amt entkräften zu können. Elke weiß das und sie erkennt, dass Neid und die Missgunst diesem Gerede zu Grunde liegen. Elke versucht Hauke davon zu überzeugen, dass er die Sticheleien überhören soll, aber die Kraft dieses Spotts ist offensichtlich mächtiger und lässt wieder jene irrationale Aggression in Hauke aufblitzen, die schon an anderer Stelle sichtbar geworden ist (etwa als er Trien' Jans Kater umgebracht hat). Das Beeindruckende an dieser Dynamik ist, dass eben jene Geschehnisse Hauke zum Bau des neuen Deiches antreiben. Der Entscheidung zur Inangriffnahme dieses großen Unterfangens liegen also längst nicht nur rationale Motive zu Grunde.

3.3 Die Figur Hauke Haien in ihrer Widersprüchlichkeit verstehen

PA

ARBEITSBLATT 3c
➤ S. 36

Unterrichtsschritt. Die Lerngruppe wird nun gebeten, sich anhand von ARBEITSBLATT 3c ***»Traditionalismus« und »Aufklärung«: Hauke Haien*** mit einzelnen Abschnitten des Textes, die Hauke Haiens Charakter skizzieren, noch einmal gründlich und anhand einiger vorgegebener Leitfragen in Partnerarbeit auseinanderzusetzen. Die Lehrperson wählt einige Zweierteams aus, die ihre Ergebnisse laut vorlesen. Aus diesen Interpretationsansätzen kann sich eine von der Lehrperson moderierte Diskussion entwickeln.

Erläuterungen. Während im vorhergehenden Schritt 3.2 die Figuren der Novelle relativ eindeutig zwei verschiedenen Geisteshaltungen zugeordnet wurden, soll nun die Ambivalenz deutlich herausgearbeitet werden, die insbesondere Hauken Haien, trotz einer klaren Grunddisposition, innewohnt. Die ausgewählten Textstellen zeigen Hauke Haien einerseits als jemanden, der von Aberglaube und äußeren Zwängen – etwa jenen der Dorfgemeinschaft – frei sein möchte, der von seiner Umwelt aber doch in entscheidendem Maße geprägt wird und abhängt. Das zeigt sich einmal in der Interpretation des Schulmeisters, der den gesellschaftlichen Auftrag Haukes als ein väterliches Erbe betrachtet, aber auch im Verhältnis Hauke Haiens zu den Dorfbewohnern, deren Meinung ihm keineswegs gleichgültig ist. Schließlich tritt seine Beziehung zu Aberglaube und Tradition noch einmal im Rahmen jener Episode zutage, die vom Ankauf eines mysteriösen Pferdes erzählt. Hier wird Hauke selbst zum »Schimmelreiter« und verstrickt sich damit unauflöslich in die vermeintlichen Gegensätze der Zeit und Gesellschaft, in der er lebt. Der Satz: »[D]as Tier aber hob den Kopf und sah mich aus blöden Augen an; mir war's, als ob es mich um etwas bitten wolle« (83,24–26), weist unmissverständlich darauf hin. Wesentlich ist, dass die Schülerinnen und Schüler erkennen, dass ein guter literarischer Text immer (auch) vom Mehrdeutigen und Widersprüchlichen dominiert wird, das sich der ›letztgültigen‹ Interpretation verwehrt.

Zu den Leitfragen von ARBEITSBLATT 3c im Einzelnen:

Leitfragen zu 1: Da Hauke Haien in einer Zeit aufwächst, in der der Übergang von einer ständisch geordneten zu einer Klassengesellschaft mit sozialen Abstufungen erfolgt, spürt er die gesellschaftlichen Spannungen, die daraus resultieren, besonders intensiv. Er selbst wird als Deichgraf von vielen Dorfbewohnerinnen und -bewohnern als ein Emporkömmling verachtet, denn die für uns heute geltende Gesetzmäßigkeit, wonach vor allem die individuellen Fähigkeiten und persönlicher Ehrgeiz über die gesellschaftliche Position entscheiden sollen, war damals gerade erst im Begriff sich zu entwickeln.

Um an die Lebenswelt der Lerngruppe anzuknüpfen, ließe sich in diesem Kontext auch die Frage diskutieren, inwiefern die heutigen gesellschaftlichen und vor allem medialen Rahmenbedingungen den sozialen Aufstieg von Menschen befördern, die z. B. abgesehen von ihrer Fähigkeit zur Selbstdarstellung oft wenig geleistet haben. Eine solche Diskussion könnte verdeutlichen, dass auch heute längst kein gesellschaftlicher Konsens darüber besteht, was den beruflichen und sozialen Erfolg eines Menschen ausmachen darf und soll.

Leitfragen zu 2: Die Textstellen ermöglichen es der Lerngruppe zu erkennen, dass Hauke Haiens Verhältnis zur Dorfgemeinschaft ein sehr problematisches ist. Die im *Schimmelreiter*, Reclam XL, 67,5–19 geschilderte Szene macht deutlich, wie aufgeheizt die Stimmung in der Bevölkerung ist und dass sie sich aufgrund des Neids der Rädelsführer dem Aufstieg Haiens gegenüber immer stärker gegen diesen und seine Pläne richtet. Aber auch Hauke Haien empfindet zunehmenden Groll gegen seine Mitmenschen, der immer wieder in Aggression, wenn nicht sogar Hass umschlägt (67,23–28).

Leitfragen zu 3: Die Szene des Pferdekaufs ist eine der rätselhaftesten im gesamten Text, was das Verhalten Hauke Haiens betrifft. Gewisse Formulierungen, so etwa der Hinweis darauf, dass die Hand des Verkäufers »fast wie eine Klaue aussah« (84,12), lassen den Handel wie einen Teufelspakt wirken. An dieser Stelle ist auch ein Verweis der Lehrperson auf die rassistischen Stereotype angebracht, die Storm hier zur Charakterisierung des osteuropäischen Verkäufers verwendet. Das ist allerdings nur die eine Facette des hier Erzählten. In anderer Lesart ist es das Selbstbild Hauke Haiens, das zum Kauf des Pferdes führt. Hauke ist an dieser Stelle des Textes bereits zu der Ansicht gelangt, dass er eine besondere Aufgabe zu erfüllen habe. Er betrachtet das mysteriöse Pferd als einen erst zu erlösenden Verbündeten in seinem Kampf, wenn er Elke gegenüber anmerkt, ihm sei gewesen, als ob es ihn »um etwas bitten wolle« (83,26). In dieselbe Kerbe schlägt der Käufer mit psychologischem Feingefühl, wenn er darauf hinweist, dass Hauke Haien das Pferd zu seiner wahren Qualität führen könne: »[B]ei mir verkommt's; es würd bei Euch bald ander Ansehen haben!« (84,2–4) Es ist anzunehmen, dass die Lerngruppe eine der beiden Dimensionen dieser Szene, nämlich jene, die das Geschäft als Teufelspakt ausweist, zumindest ansatzweise erkennen können. Der weniger klar erkennbare Aspekt der Erzählung muss eventuell im Plenum gemeinsam erarbeitet werden.

Hausaufgabe

Lektüre der Novelle bis S. 146 (Schluss).

ARBEITSBLATT 3a

»Traditionalismus« und »Aufklärung« im *Schimmelreiter*

Arbeitsaufträge:

Sie haben die Begrifflichkeiten »Traditionalismus« und »Aufklärung« kennen gelernt und wissen, was mit diesen unterschiedlichen Einstellungen und Denkweisen verbunden ist.

1. Bitte ordnen Sie nun Figuren aus dem *Schimmelreiter*, die in folgender Tabelle genannt sind, der einen oder anderen Geisteshaltung zu, indem Sie eine Spalte ankreuzen. Wenn Sie eine Figur nicht klar zuordnen und beide Geisteshaltungen in ihr erkennen können, tragen Sie bitte in beide Spalten ein Kreuz ein.
2. Suchen Sie einen Satz im Text, der Ihnen die jeweils genannte Figur und deren Einstellung besonders gut zu charakterisieren scheint.

Figur	Traditionalismus	Aufklärung	Satz
Hauke Haien			
Elke Haien			
Trien' Jans			
Ole Peters			

ARBEITSBLATT 3b

»Traditionalismus« und »Aufklärung« in der Dorfgesellschaft

Arbeitsaufträge:

1. Bitte lesen Sie folgende Textabschnitte im *Schimmelreiter*, Reclam XL, noch einmal aufmerksam durch:

   S. 70, Z. 29 – S. 72, Z. 15 und S. 88, Z. 12 – S. 90, Z. 4.

   In diesen Textabschnitten wird deutlich, wie Hauke Haien sich selbst und seine Aufgaben sieht, andererseits enthält gerade die zweite Textstelle auch Informationen über das Verhältnis der Bevölkerung zu Hauke Haien. Verfassen Sie nun bitte einen *inneren Monolog von ca. 15 Zeilen*, den ein alter weiser Dorfbewohner, der bei den Besprechungen zum Bau des neuen Deiches stets anwesend war, spricht. Er beobachtet die Entwicklungen unter dem neuen Deichgrafen und denkt darüber nach, was die Zukunft bringen wird. Versuchen Sie bitte die Vorgaben des Textes (inhaltliche Aspekte, Beschreibung der Ängste der Dorfbewohner, Wortwahl etc.) beim Verfassen des Monologs zu berücksichtigen.

2. Bitte lesen Sie den folgenden Textabschnitt:

   S. 65, Z. 5 – S. 68, Z. 35.

   Beantworten Sie folgende Fragen dazu:

   a) Wie beurteilen Sie das Verhältnis zwischen Hauke und Elke? Würden Sie in diesem Zusammenhang von einer Liebesheirat sprechen?

   b) Was macht Hauke Haien in diesem Abschnitt so wütend? Wie schätzen Sie Elkes Reaktionen auf den Zorn ihres Ehemannes ein?

   Selbstverständlich können Sie auch andere Textteile, die Ihnen in diesem Zusammenhang wieder einfallen, zur Beantwortung der Fragen heranziehen.

ARBEITSBLATT 3c

»Traditionalismus« und »Aufklärung«: Hauke Haien

Arbeitsaufträge:
Bitte lesen Sie folgende Textabschnitte aus dem *Schimmelreiter*, Reclam XL, noch einmal durch und achten Sie dabei genau auf die Details, die hier über die Figur Hauke Haien verraten werden. Die zu jedem Abschnitt angeführte(n) Leitfrage(n) kann/können Ihnen dabei helfen, wesentliche Aspekte zu erkennen:

1.
S. 56, Z. 20 – S. 57, Z. 23

Leitfragen:
- Inwiefern beeinflusst Hauke Haiens Herkunft seine Lebensgeschichte?
- Ist er aus Ihrer Sicht dennoch in seinen Entscheidungen frei?

2.
S. 67, Z. 14 – S. 67, Z. 30 und S. 101, Z. 21–32

Leitfragen:
- Welches Verhältnis hat Hauke Haien zur Dorfgemeinschaft?
- Was sind aus Ihrer Sicht die Ursachen dafür?

3.
S. 83, Z. 17 – S. 84, Z. 22

Leitfrage:
- Was bewegt Hauke Haien Ihrer Meinung nach zum Kauf des Pferdes?

Bitte fassen Sie Ihre Antworten in gut verständlicher, schriftlicher Form zusammen (Umfang: ca. eine halbe bis eine DIN A4-Seite).

4 Hauke Haiens Schuld und die Rolle des Schicksals in seiner Geschichte hinterfragen

Sachanalyse

Die Frage nach einer möglichen Mitschuld Hauke Haiens an der Tragödie, die sein Leben und das seiner Familie letztlich beendet, drängt sich vor allem gegen Ende der Novelle fast unwillkürlich auf. Erzählerisch wird hier der Verdacht, dass Hauke an seinem Schicksal nicht ganz unbeteiligt ist, aus der Tatsache genährt, dass der Bruch des Deiches für den Protagonisten nicht völlig überraschend eintritt, hatte dieser doch eine klare Vermutung, der er zumindest nicht mit der angemessenen Gewissenhaftigkeit nachgegangen ist. Der Autor hat diese Textstelle gut durchdacht und bewusst ausgestaltet, das belegt etwa sein Brief an den Soziologen Ferdinand Tönnies, an den er im April 1888 folgende Sätze richtet: »Wenn die Katastrophe aus der Niederlage des Deichgrafen im Kampfe der Meinungen stärker hervorgehoben würde, so würde seine Schuld wohl zu sehr zurücktreten. Bei mir ist er körperlich geschwächt, des ewigen Kampfes müde und so läßt er einmal gehen, wofür er sonst stets im Kampf gestanden; es kommt hinzu, daß seine zweite Besichtigung bei heller Sonne die Sache weniger bedenklich erscheinen läßt. Da aber, während Zweifel und Gewissensangst ihn umtreiben, kommt das Verderben. Er trägt seine Schuld, aber eine menschlich verzeihliche.«[1] Die Frage nach Schuld und/oder Schicksalshaftigkeit ist nicht nur deshalb besonders relevant, weil sie ein zeitloser literarischer Topos ist, sie wird auch im *Schimmelreiter* durchgehend verhandelt und darf deshalb als eines der bedeutenden Motive dieser Novelle gelten. Dieses Motiv und die Verbindung von Schuld und Schicksal in der Figur des Hauke Haien stehen dabei nicht für sich, sondern erweisen sich bei genauerer Betrachtung als Teil eines Geflechtes, das den gesamten Text durchzieht. Letztlich lässt sich an der zentralen Positionierung dieser Fragestellungen eine Auseinandersetzung Storms mit den Prinzipien des Realismus erkennen, die hier ins Wanken geraten: »Sturmflut und Phantastik stehen im *Schimmelreiter* folglich für alles Unkontrollierbare, das der Realismus auszugrenzen versucht, was aber hier eben nicht länger gelingt.« Außerdem: »Dieser [...] zentral gesetzte Bereich des Unkontrollierbaren, der die Realitätskonzeption des Realismus infrage stellt, beinhaltet [...] noch etwas Anderes, nämlich das ebenfalls unkontrollierbare Innere der Person«.[2] Nicht nur das, muss man ergänzend hinzufügen, auch die existenzielle Frage nach Freiheit oder Determiniertheit des individuellen Lebensvollzugs wird im Text immer wieder gestellt, bleibt aber selbstverständlich unbeantwortet. Hauke Haiens Schuld oszilliert ununterbrochen, denn weder wird er als eine Figur gezeigt, die sich völlig frei entwerfen kann, noch wäre ihm die Verantwortung für sein Handeln völlig abzusprechen. In der Gesamtkonzeption der Novelle, die sich jeder Festlegung entzieht und dabei doch äußerst präzise ist, insbesondere aber in der Gestaltung der Figur des Hauke Haien, zeichnet sich die Möglichkeit eines menschlichen Seins ab, das auf jeglichen Dogmatismus und damit auch auf einfache Antworten verzichtet.

1 Hans Wagener, *Erläuterungen und Dokumente. Theodor Storm: »Der Schimmelreiter«*, Stuttgart 2001, S. 53.

2 Andreas Blödorn / Marianne Wünsch, »Der Schimmelreiter«, in: *Storm-Handbuch. Leben – Werk – Wirkung*, hrsg. von Christian Demandt und Philipp Theisohn, Stuttgart 2017, S. 254.

Unterrichtsverlauf

Überblick. In den folgenden Unterrichtsschritten stehen moralische Fragen im Vordergrund, die der Text zwar fortwährend stellt, auf die er aber keine eindeutigen Antworten zulässt. Das bietet der Lerngruppe die Möglichkeit, sich über Fragen nach der Bedeutsamkeit bzw. des Vorhandenseins eines Schicksals oder nach den Dimensionen persönlicher Schuld auszutauschen, ohne in die Falle einer abschließenden Antwort zu geraten.

Zunächst wird die Frage nach Schuld und Schicksal noch ganz unabhängig vom Text gestellt, anschließend erfolgt die Bezugnahme auf die Figur des Hauke Haien in sehr textnaher Weise. Fakultativ können die religiösen Bezüge des Themenkomplexes ›Schuld und Schicksal‹ herausgearbeitet werden. Letztlich entpuppt sich die Schuldfrage hier als eine Frage nach patriarchaler, rational definierter Aufklärungsmacht und deren enger, als schicksalhaft erfahrener Grenzen. ! Verkürzter Verlauf: 4.1 – 4.2

Phase	Thema	Sozialform	Kompetenzen und Lernziele	Materialien
Voraussetzungen: Vollständige Lektüre der Novelle				
4.1	Ist der Mensch ein freies Wesen oder seinen Lebensumständen ausgeliefert?	PA / UG	• Die Frage nach Verantwortung und Determiniertheit des Einzelnen beleuchten • Antwortmöglichkeiten aus verschiedenen Epochen kennen lernen	ARBEITSBLATT 4a ➤ S. 44 ARBEITSBLATT 4b ➤ S. 45
4.2	Die Figur Hauke Haien – Schuld oder Schicksal?	PA	• Unterschiedliche Episoden miteinander vergleichen und in Beziehung setzen • Eigene Überlegungen zur Novelle verschriftlichen	ARBEITSBLATT 4c ➤ S. 46
4.3 fakultativ	Religiöse Motive der Novelle und ihre Bezüge zur Frage nach Schuld und Schicksal	LV / UG / PA	• Natur und Wissenschaft / Natur und Gott als wesentliche Themenkomplexe der Novelle begreifen • Die Novelle als eine Geschichte von Grenzüberschreitungen verstehen	VORLAGE 4 ➤ S. 41–43 ARBEITSBLATT 4d ➤ S. 47 f.
HA	Verfassen einer Charakterisierung Hauke Haiens			ARBEITSBLATT 4e ➤ S. 46

Hinweis. Diese Doppelstunde kann kompakt unterrichtet werden, bietet aber genügend Stoff für eine Verteilung über mehrere Stunden, insbesondere wenn der fakultative Unterrichtsschritt 4.3 realisiert werden soll.

4.1 Ist der Mensch ein freies Wesen oder seinen Lebensumständen ausgeliefert?

PA / UG

ARBEITSBLATT 4a ➤ S. 44
ARBEITSBLATT 4b ➤ S. 45

Unterrichtsschritt. Der Primärtext tritt in dieser Unterrichtsphase hinter die Fragestellung zurück, die zunächst anhand von ARBEITSBLATT 4a ***Frei oder determiniert?*** von den Schülerinnen und Schülern in Partnerarbeit (oder Kleingruppen) erarbeitet werden soll. Die Ergebnisse des Austausches werden jeweils auf dem Arbeitsblatt notiert und dann an die Tafel oder die Wand gehängt. Nun können die Mitglieder der Kleingruppen die Notizen der anderen Gruppen in Ruhe betrachten; sie sollen sich dabei frei im Raum bewegen können. Im Anschluss äußert die Lehrperson ihre eigenen Beobachtungen zu den Notizen: Welche Aspekte des Themas werden besonders häufig genannt? Gibt es Elemente der Thematik, die komplett ausgeblendet oder vergessen wurden? Was erscheint widersprüchlich? Bereits im Verlauf dieses ›lauten Denkprozesses‹, an dem die Lehrperson die Lerngruppe teilhaben lässt, können Fragen an die Gruppe gestellt und deren Ansichten mit hereingeholt werden.

Zum Abschluss der Einheit wird ARBEITSBLATT 4b ***Philosophen und Schriftsteller über Determinismus/Freiheit des Menschen*** an die Lerngruppe ausgehändigt. Hier werden, in aller Kürze und unvollständig, einige Positionen zum Thema Freiheit/Determinismus vorgestellt. Diese sind als Denkanstoß zu verstehen; die Lerngruppe kann im weiteren Unterrichtsverlauf immer wieder auf diese Meinungen zurückgreifen.

Erläuterungen. Bereits in mittelalterlichen Texten war die Frage nach der Schicksalshaftigkeit oder den Möglichkeiten der Selbstbestimmung der jeweiligen Helden eine zentrale. Sie hat bis zum heutigen Tag, wo die Entschlüsselung des Genoms und die neurochemische Manipulierbarkeit des Menschen bisher Undenkbares denkbar werden ließen, nichts an Wirkkraft eingebüßt. Bevor die Schülerinnen und Schüler in die Gedankenwelt einsteigen, die im *Schimmelreiter* zu dieser Thematik entfaltet wird, sollen sie die Bedeutsamkeit dieser Überlegungen – auch für ihr eigenes Leben – begreifen und zumindest einige Möglichkeiten kennen lernen, sich diesen schwierigen Fragen anzunähern. Mittels der auf ARBEITSBLATT 4b vorgegebenen Zitate sollen sie schließlich in die Lage versetzt werden, unterschiedliche theoretische Perspektiven auf dieses Thema reflektieren zu können und ihre eigenen Vorüberlegungen gegebenenfalls entsprechend zu verändern. All dies kann an dieser Stelle selbstverständlich nur in Ansätzen vollzogen werden, ist doch allein die Menge an philosophischen Zugängen zur Thematik enorm. Im Zentrum soll nicht der Aspekt der kulturellen Bildung stehen, es geht lediglich darum, die Lerngruppe auf die Komplexität und Tiefe der Thematik, die Storm in seine Novelle eingearbeitet hat, hinzuweisen und deutlich werden zu lassen, dass diese auch für das eigene Leben höchst bedeutsam ist.

Zu ARBEITSBLATT 4b: Die Schülerinnen und Schüler lernen in sehr komprimierter Form vier ganz unterschiedliche Sichtweisen kennen, die im Laufe unserer jüngeren Kulturgeschichte im Nachdenken über den Menschen als freies bzw. determiniertes Wesen entstanden sind.

1) Den Anfang macht dabei ein Grundsatz von Jean-Paul Sartres Existenzialismus, der davon ausgeht, dass jeder Mensch im Rahmen seiner vorgegebenen Möglichkeiten genug Handlungsspielraum besitzt, um als verantwortlich für seine Handlungen gelten zu können.

2) Peter Bieri betont einen ganz anderen Aspekt dieser Fragestellung, der dem Wunsch des Menschen, ein autonomes und damit auch souveränes Wesen zu sein, das Faktum gegenüberstellt, dass wir alle von unseren sozialen, gesellschaftlichen und kulturellen Rahmenbedingungen abhängen und unser vermeintlich freier Wille zu einem guten Teil sogar aus diesen resultiert.

3) Der Ökonom James Heckman betont eine spezifische Form dieser Bedingtheit, wenn er zu bedenken gibt, dass wir in den westlichen Gesellschaften zwar von Freiheit und Gleichheit sprechen, dabei aber die enormen Auswirkungen sozialer Ungerechtigkeit ausblenden, die global betrachtet einer breiten Masse jegliche Möglichkeit auf Chancengleichheit und freie Entscheidungen nimmt.

4) Der Neurowissenschaftler Christian Heinrich wendet die Frage nach Determiniertheit und Freiheit abschließend noch ein weiteres Mal und verweist einerseits auf die Rolle der Gene, die uns in gewisser Weise einschränken, andererseits aber auch auf den Einfluss der (sozialen) Umwelt, die uns von diesem Korsett zwar nicht befreien, aber den Spielraum doch beträchtlich erweitern kann.

Die Lerngruppe soll anhand dieses Spektrums an Perspektiven und Meinungen in die Lage versetzt werden, eigene Überlegungen zum Thema anzustellen, wobei deren Ergebnis in weiterer Folge auch die Sicht auf die Novelle verändern oder zumindest beeinflussen kann.

4.2 Die Figur Hauke Haien – Schuld oder Schicksal?

Unterrichtsschritt. Nun wird die Thematik von Freiheit und Determinismus wieder an den Text zurückgebunden. Die Lerngruppe erhält dafür ARBEITSBLATT 4c ***Freiheit und Determinismus im »Schimmelreiter«***, auf dem eine Reihe von Textstellen genannt werden, die mit dem relevanten Themenkomplex in Zusammenhang stehen, hier zugespitzt auf die Frage nach Schuld oder Schicksal. Die Schülerinnen und Schüler werden gebeten, die einzelnen Episoden in Partnerarbeit zu einem Figurenporträt zusammenzufügen (Arbeitsauftrag 1): Anhand welcher Szenen lässt sich eine schicksalhafte Wirkung auf Hauke Haiens Leben erkennen? Welche Auszüge weisen ihn (eher) als frei aus und hat auch diese Freiheit ihre Grenzen?

In Arbeitsauftrag 2 erhalten die Schülerinnen und Schülern eine zentrale Aussage des Autors zu diesem Thema und werden gebeten, auf Grundlage des nun erarbeiteten Wissens einen Text zu verfassen, der dann als Hausaufgabe fortgesetzt werden soll.

PA

ARBEITSBLATT 4c
➤ S. 46
Lösungshinweise
➤ S. 84

Erläuterungen. In diesem Schritt wird den Schülerinnen und Schülern der Gesamttext bewusst fragmentarisch präsentiert, wodurch sie die ihm inhärenten Widersprüchlichkeiten und deren komplexe Zusammenhänge besser erkennen können. Die Figur Hauke Haien, der sie sich nun schon aus mehreren verschiedenen Perspektiven angenähert haben, erscheint an dieser Stelle noch einmal in einem neuen Licht, weil sie im Fokus der Frage nach Schuld und Schicksal nun endgültig nicht mehr als der souveräne Held gelten kann, der sich über alle Konventionen hinwegsetzt und gesellschaftlich reüssiert. Die Textauszüge lenken die Aufmerksamkeit auf die tendenziell abgründigen und damit auch irrationalen Seiten dieser Figur – die ungezügelte Aggression, die Tendenz, sich aus gesellschaftlichen Zusammenhängen zurückzuziehen, das sture Festhalten am einmal eingeschlagenen Weg. Gleichzeitig werden Haukes Grundsatzentscheidungen (der Bau des neuen Deiches, die Rettung des Hundes) aber auch als die eines Menschen erkennbar, der eine – im Verhältnis zu den traditionsverhafteten Dorfbewohnerinnen und -bewohnern – wesentlich freiere Art des Denkens kultiviert und damit auch in ethischer Hinsicht Maßstäbe setzt.

Wesentlich ist, dass all diese Widersprüche weder in der Figur des Hauke Haien noch im Text insgesamt aufgelöst werden. Theodor Storm lässt diese Unterschiede miteinander interagieren und schafft so das Porträt eines innerlich zerrissenen und dennoch tendenziell freien Menschen. Freiheit wird in diesem Sinne gerade nicht als der Schlüssel zum Lebensglück, sondern als eine Dimension individueller Verantwortlichkeit ausgewiesen, die dem Wollen des Kollektivs (in diesem Fall in tragischer Weise) entgegenstehen kann. Ziel dieses Unterrichtsschritts ist es, der Lerngruppe Einblicke in diese komplexen Zusammenhänge zu ermöglichen und sie in der Wahrnehmung zu bestärken, dass diese nicht in ein eindeutiges Bild aufgelöst werden können. Wenn das gelingt, hat die Lerngruppe ein wesentliches Merkmal literarischer Qualität erfasst.

Zu ARBEITSBLATT 4c, Arbeitsauftrag 2 (Hausaufgabe): Die Lehrperson sollte gegen Ende der Stunde kurz zusammenfassen, worauf es bei einer solchen (sehr kurzen) Charakterisierung, die noch dazu einen ganz bestimmten Aspekt einer Figur betreffen soll, ankommt. Wesentliche Eigenschaften und Merkmale der Figur können unter Zuhilfenahme der in Arbeitsauftrag 1 genau analysierten Textstellen (s. Lösungshinweise S. 84) anhand einiger Beispiele gut herausgearbeitet werden. Im Zuge der nun bereits erfolgten intensiven Auseinandersetzung mit der Persönlichkeit Hauke Haiens sollte es der Lerngruppe auch möglich sein zu beschreiben, welches Bild in ihrem Inneren entsteht, wenn sie an diese Figur denken (d. h. welche äußerlichen Merkmale diese bestimmen). Die Ambivalenzen, die dieser Figur innewohnen, stellen für die Lernerinnen und Lerner voraussichtlich die größte Herausforderung dar, auf Grundlage der Vorarbeiten, die mit Arbeitsauftrag 1 geleistet wurden, lassen sich aber wohl auch diese annäherungsweise beschreiben.

4.3 Religiöse Motive der Novelle und ihre Bezüge zur Frage nach Schuld und Schicksal fakultativ

LV / UG / PA

VORLAGE 4

➤ S. 41–43

ARBEITSBLATT 4d

➤ S. 47 f.

Unterrichtsschritt. Die Lehrperson gibt zu Beginn dieser Einheit einen kurzen Einblick in die Thematik religiöser Motive, anhand von VORLAGE 4 ***Religiöse Motive im »Schimmelreiter«*** kann die – in gewisser Weise ambivalente – Position des Protagonisten zusätzlich visualisiert und anhand konkreter Textstellen näher beschrieben werden.

Die VORLAGE 4 bleibt für die Schülerinnen und Schüler im Folgenden relevant (und kann deswegen auch ausgeteilt werden), da sie den theoretischen Hintergrund der Schreibaufgabe bildet, die nun gestellt wird. Jeweils zwei Schülerinnen und Schüler erhalten ARBEITSBLATT 4d ***Elke Haien: innerer Monolog*** und damit den Auftrag, gemeinsam einen inneren Monolog zu erarbeiten, in dessen Verlauf Elke Haien während des Unwetters, das am Schluss der Novelle geschildert wird, noch einmal über alles, was geschehen ist, nachdenkt, wobei ihr Verhältnis zu den Naturwissenschaften und ihr Glaube an Gott in diesen Überlegungen eine zentrale Rolle spielen soll. Die Lerngruppe kann das Arbeitsblatt entweder in Kleingruppen gemeinsam durchlesen und besprechen, oder die Lehrperson schließt an eine je individuelle Lektüre des Arbeitsblattes ein klärendes Gespräch im Plenum an. Die Schülerinnen und Schüler sollen am Ende des gemeinsamen Teils erfasst haben, welches die Charakteristika der Bewusstseinsstromtechnik sind, und einen eigenen kleinen Text verfassen, der sich erzähltechnisch am Textauszug aus Arthur Schnitzlers *Lieutenant Gustl* orientieren soll.

Erläuterungen. Die Begriffe »Gott« und »Teufel« werden im Verlauf der Novelle immer häufiger explizit genannt und stehen in einem engen Zusammenhang mit der in diesem Kapitel verhandelten Frage nach Schuld und Schicksal. Hauke Haien kämpft als ein Vertreter der Aufklärung gegen die Gewalten der Natur und er tut dies zum Wohle der Gemeinschaft; gleichzeitig bemerkt er, dass seine Gestaltungskraft von vielerlei Faktoren eingeschränkt ist. Neben den Einschränkungen, die er durch den Widerstand seiner Mitarbeiter und der dörflichen Gemeinschaft erfährt, scheint es auch noch eine »höhere Macht« zu geben, die seinem Tun und Streben Grenzen setzt. Der Beginn der Erzählung ist von Szenen geprägt, in denen Hauke Haien die Natur und alles Symbolische, das sich als in diese eingeschrieben denken ließe, ignoriert und sich der Umgebung unter rein naturwissenschaftlichen bzw. mathematischen Gesichtspunkten annähern möchte. Im späteren Verlauf der Novelle erweist sich diese Haltung als brüchig. Je weiter die unheilbringenden Ereignisse voranschreiten, desto häufiger beginnt der

Protagonist darüber nachzudenken, ob er nicht doch an einer göttlichen Instanz Unrecht getan habe bzw. ob diese nicht doch existiere. Dem gegenüber steht der Aberglaube der Dorfbevölkerung, die insbesondere im letzten Drittel des Buches in der Figur der Trien' Jans eine Verkörperung erfährt. Hauke Haien hat nun sie und damit auch ihre Geisteshaltung zumindest auf symbolischer Ebene ›in sein Haus gelassen‹.

Für die Schülerinnen und Schüler ist dieser Themenkomplex sicherlich herausfordernd, weil er unentschieden bleibt und es auf die Frage, ob Hauke Haien mit dem aufklärerischen Denken ein unmenschliches Ideal vertritt, in der Geschichte keine Antwort gibt. Gleichzeitig ist die Frage nach der – notwendigen? – Rolle der Religion in einer aufgeklärten Gesellschaft sehr zeitgemäß und für die Lerngruppe mit Sicherheit von größter Relevanz. Da es aber um den *Schimmelreiter*, also einen anderen historischen Zeitpunkt und eine andere gesellschaftliche Situation, geht, bietet sich hier die Möglichkeit, diese Themen durch starke Textbezogenheit nüchterner zu bearbeiten.

Zu ARBEITSBLATT 4d : Bei dieser Aufgabe geht es nicht nur um die Fähigkeit, sprachlich-erzähltechnische Muster zu erkennen und zu reproduzieren, es geht vor allem um eine Reflexion der Figur Elke Haien. Theodor Storm hat sie als eine Nebenfigur in die Novelle eingearbeitet, das Potenzial dieser Figur ist aber wesentlich größer. So ließe sich etwa überlegen, was aus Elkes mathematischen Ambitionen geworden ist, nachdem Hauke das Geschäft des Deichgrafen übernommen und gut ausgefüllt hatte. Die eigene Einstellung zu ihrer Rolle im Haus, ihre Beziehung zu Wienke und zur Dorfgemeinschaft werden im *Schimmelreiter* kaum thematisiert. Das Verhältnis zwischen Elke und Hauke lässt sich an manchen Textstellen andeutungsweise erkennen, die Verarbeitungsprozesse in Hinblick auf Verletzungen und Enttäuschungen, die (auch) ihr widerfahren, bleiben aber völlig im Dunklen. Elkes besondere Positionierung zwischen dem traditionellen Weltverständnis des Volkes, also auch ihre Religiosität, und die gleichzeitige Neigung zu einem aufklärerischen Denken, das sich an den Naturwissenschaften orientiert, soll in diesem inneren Monolog ebenfalls vorkommen. Hier können die Schülerinnen und Schüler auf bereits Gelerntes zurückgreifen.

Letztlich ist Elke also eine Figur, die nur angedeutet, aber nicht zu Ende geschrieben wurde, und die Leerstellen, die sich dadurch eröffnen, können von den Schülerinnen und Schülern gut gefüllt werden. Je nach Eindruck der Lehrperson können vor Beginn der Schreibübung einige entsprechende Hinweise gegeben werden. Die Bearbeitung erfordert einige Zeit, insbesondere, wenn die Lerngruppe mit der Bewusstseinsstromtechnik nicht vertraut ist und diese möglicherweise erst kennen lernen muss. (Mein Dank gilt an dieser Stelle meinem Studenten Christian Fritz, der mich auf einige für das Thema zentrale Textstellen in Virginia Woolfs autobiografischen Schriften aufmerksam gemacht hat.)

VORLAGE 4

Religiöse Motive im *Schimmelreiter*

1.

»Das Schlimmste war, am dritten Tage lag Elke im hellen Kindbettfieber, redete Irrsal und kannte weder ihren Mann noch ihre alte Helferin. [...] der Arzt aus der Stadt war geholt, er saß am Bett und fühlte den Puls und verschrieb und sah ratlos um sich her. Hauke schüttelte den Kopf: ›Der hilft nicht; nur Gott kann helfen!‹ Er hatte sich sein eigenes Christentum zurechtgerechnet; aber es war etwas, das sein Gebet zurückhielt. [...]

›Ich weiß ja wohl, du kannst nicht allezeit, wie du willst, auch du nicht; du bist allweise; du musst nach deiner Weisheit tun – o, Herr, sprich nur durch einen Hauch zu mir!‹« (98,2–99,2)

HAUKE *ist nicht, wie die Dorfgemeinschaft immer wieder behauptet, von Gott abgefallen, sein Gottesbild ist nur ein anderes als das überlieferte. Dabei ist es nicht abgeschlossen, sondern erweitert und verändert sich immer wieder, je nachdem, was er erlebt und ihn tief prägt. In Hauke wird die kollektive Gottesvorstellung zu einer individuellen.*

2.

»Aber freilich über ihn schwieg man nicht; seine Gebetsworte liefen um von Haus zu Haus: er hatte Gottes Allmacht bestritten; was war ein Gott denn ohne Allmacht? Er war ein Gottesleugner; die Sache mit dem Teufelspferde mochte auch am Ende richtig sein!« (100,1–5)

VORLAGE 4 (Fortsetzung)

Das Vorhandensein teuflischer Instanzen ist für die DORFGEMEINSCHAFT *ebenso selbstverständlich wie die Annahme eines Gottes. Der alte* SCHULMEISTER *erzählt die Geschichte des Pferdeankaufes so, als wäre tatsächlich ein Teufelspakt geschlossen worden. An dieser Stelle erweist er sich als unzuverlässig, wird doch an anderer Stelle behauptet, dass er ein »aufgeklärter Erzähler« sei. Themen wie Gott und Teufel erweisen sich, wie alle Aspekte der Geschichte, immer wieder als erzählerisch vermittelt und es wird klar, dass die Überlegungen, die man dazu anstellt, das immer mitreflektieren müssen.*

3. *Aus einem Gespräch zwischen Hauke Haien und seiner Tochter Wienke:*

»Er strich ihr zärtlich über die Wangen: ›Sieh nur wieder hin!‹, sagte er, ›das sind nur arme hungrige Vögel! Sieh nur, wie jetzt der große seine Flügel breitet; die holen sich die Fische, die in die rauchenden Spalten kommen.‹

›Fische‹, wiederholte Wienke.

›Ja, Kind, das alles ist lebig, so wie wir; es gibt nichts anderes; aber der liebe Gott ist überall!‹« (121,22–29)

An dieser Stelle erfährt HAUKES *Gottesbild eine Konkretisierung: er stellt die Existenz Gottes nicht infrage, aber er ist trotzdem von den naturwissenschaftlichen Erkenntnissen überzeugt. An dieser Stelle wird deutlich: Gott hat die Welt nicht erschaffen, aber diese ist auf eine nicht näher beschriebene Art beseelt.*

4.

»Der Schimmel schlug mit den Vorderhufen und schnob mit seinen Nüstern in den Lärm hinaus; den Reiter aber wollte es überfallen, als sei hier alle Menschenmacht zu Ende; als müsse jetzt die Nacht, der Tod, das Nichts hereinbrechen.« (137,18–23)

Immer wieder wird deutlich, dass es Grenzen des menschlichen Einflusses gibt, die auch für einen gebildeten und weitsichtigen Wissenschaftler gelten. Die Frage ist, welche Schlussfolgerungen man daraus ziehen soll. An dieser Stelle scheint jenseits dieser Grenze nicht Gott, sondern »das Nichts« zu lauern. Damit ist auch die Angst angesprochen, die die DORFGEMEINSCHAFT *an den alten Prinzipien festhalten lässt – in dieser Vorstellungswelt gibt es immerhin ein Jenseits, einen zwar mitunter strafenden, aber zumindest vorhandenen Gott.*

5.

»Nur noch zehn Minuten Arbeit – er sah es wohl – dann brach die Hochflut durch die Rinne und der Hauke-Haien-Koog wurde vom Meer begraben!

Der Deichgraf winkte einem der Arbeiter an die andere Seite seines Pferdes. ›Nun, so sprich!‹, schrie er, ›was treibt ihr hier, was soll das heißen?‹

Und der Mensch schrie dagegen: ›Wir sollen den neuen Deich durchstechen, Herr! damit der alte Deich nicht bricht!‹

›Was sollt ihr?‹

– ›Den neuen Deich durchstechen!‹

›Und den Koog verschütten? – Welcher Teufel hat euch das befohlen?‹

›Nein, Herr, kein Teufel; der Gevollmächtigte Ole Peters ist hier gewesen; der hat's befohlen!‹« (139,7–22)

Diese Textstelle nimmt einmal mehr Bezug auf die Tatsache, dass das Unheil nicht von Gott geschickt oder bloßes Schicksal war, sondern dass es hier durchaus auch ein menschliches Verschulden gegeben hat. Diese Schuld ist geteilt zwischen OLE PETERS, *der auf die hier beschriebene Weise eine falsche Entscheidung getroffen hat, und* HAUKE HAIEN, *der schon vor dem Unwetter Anzeichen für die Fehlerhaftigkeit des Deiches erkannt, diese aber ignoriert hat.*

VORLAGE 4 (Fortsetzung)

6.

»›Herr Gott! Ein Bruch! Ein Bruch im alten Deich!‹

›Euere Schuld, Deichgraf!‹, schrie eine Stimme aus dem Haufen: ›Euere Schuld! Nehmt's mit vor Gottes Thron!‹

Haukes zornrotes Antlitz war totenbleich geworden; der Mond, der es beschien, konnte es nicht bleicher machen«. (140,9–15)

»Er allein hatte die Schwäche des alten Deichs erkannt; er hätte trotz alledem das neue Werk betreiben müssen: ›Herr Gott, ja ich bekenne es‹, rief er plötzlich laut in den Sturm hinaus, ›ich habe meines Amtes schlecht gewartet!‹« (140,30–35)

»[…] schlechte Jahre werden für die überschwemmten Fennen kommen; Siele und Schleusen zu reparieren sein! Wir müssen's tragen, und ich will helfen, auch denen, die mir Leids getan; nur, Herr, mein Gott, sei gnädig mit uns Menschen!« (141,18–22)

»Herr Gott, nimm mich; verschon die andern!« (143,23)

In diesen vier Zitaten wird deutlich, dass HAUKE HAIEN *selbst am Schluss dazu bereit ist, eine Schuld auf sich zu nehmen, die sich auf die Unterlassung bezieht, seinem Verdacht in Bezug auf die Brüchigkeit des Deiches nicht nachgegangen zu sein. Vor allem in der letzten Formulierung wird eine Verantwortlichkeit für die Gemeinschaft erkennbar, die Hauke als Ideal in sich trägt und die er nun in äußerster Konsequenz einzulösen bereit ist. Damit erfüllt er paradoxerweise zugleich die Forderung der* DORFGEMEINSCHAFT, *dass in den Deich etwas »Lebiges« eingegraben werden müsse.*

7.

»Der Dank, den einstmals Jeve Manners bei den Enkeln seines Erbauers versprochen hatte, ist, wie Sie gesehen haben, ausgeblieben; denn so ist es, Herr: dem Sokrates gaben sie ein Gift zu trinken und unseren Herrn Christus schlugen Sie ans Kreuz! Das geht in den letzten Zeiten nicht mehr so leicht; aber – einen Gewaltsmenschen oder einen bösen stiernackigen Pfaffen zum Heiligen, oder einen tüchtigen Kerl, nur weil er uns um Kopfeslänge überwachsen hat, zum Spuk und Nachtgespenst zu machen – das geht noch alle Tage.« (144,28–145,5)

Der ERZÄHLER *vertritt hier zu guter Letzt die Sündenbocktheorie, d.h., er scheint davon auszugehen, dass Hauke Haien letztlich am Widerstand bzw. an der fehlenden Kooperationsbereitschaft seiner Mitmenschen gescheitert ist. Die Erzählerstimme ist in dieser Hinsicht aber im Laufe der Erzählung mitunter unschlüssig (dies wird beispielsweise in der Schilderung des Teufelspaktes mit dem Pferdeverkäufer deutlich).*

Hausaufgabe

EA

Verfassen einer Charakterisierung Hauke Haiens (ARBEITSBLATT 4c, Arbeitsauftrag 2).

ARBEITSBLATT 4b
➤ S. 46

ARBEITSBLATT 4a

Frei oder determiniert?

Determinierende (= festlegende) Faktoren	Freiheit durch …

Gesamturteil: Der Mensch ist überwiegend: **determiniert** ☐ | **frei** ☐

Arbeitsauftrag:
Bitte überlegen Sie sich gemeinsam Antworten auf folgende Fragen und notieren Sie diese stichwortartig in der Tabelle. Bitte achten Sie darauf, dass Ihre Schrift gut leserlich ist:

1. Was legt die Lebensbedingungen eines Menschen fest (z. B.: soziale Herkunft, Bildung etc.)?
2. Wodurch wird ein Mensch handlungsfähig bzw. in seinen Entscheidungen frei(er)?
3. Würden Sie den Menschen eher als ein freies oder eher als ein determiniertes (= von den Bedingungen bestimmtes) Wesen beschreiben?

ARBEITSBLATT 4b

Philosophen und Schriftsteller über Determinismus/Freiheit des Menschen

»Wenn wir sagen, dass ein Arbeitsloser frei ist, so wollen wir damit nicht sagen, dass er tun und lassen kann, was er will, und sich augenblicklich in einen reichen und friedlichen Bürger verwandeln kann. Er ist frei, weil er immer wählen kann, ob er sein Los in Resignation hinnimmt oder sich dagegen auflehnt. Natürlich wird es ihm nicht gelingen, aus dem Elend herauszukommen, aber mitten in diesem Elend, an dem er klebt, kann er wählen, in seinem Namen und im Namen aller anderen gegen alle Formen des Elends zu kämpfen; er kann wählen, der Mensch zu sein, der es ablehnt, dass das Elend das Los der Menschen sei.«

Jean-Paul Sartre: Gesammelte Werke in Einzelausgaben. Philosophische Schriften. Bd. 4: Der Existentialismus ist ein Humanismus und andere philosophische Essays 1943–1948. Hrsg. von Traugott König und Vincent von Wroblewsky. Reinbek bei Hamburg: Rowohlt, 2000. S. 96 f.

»Wir möchten in unserem Willen selbständig sein. Das ist ohne Zweifel ein Aspekt des Wunsches nach Willensfreiheit. Doch was heißt es? Und was ist der Kontrast zu der erstrebten Selbständigkeit? Die vielleicht nächstliegende Auskunft ist, daß ein Wille selbständig ist, wenn er nicht manipuliert ist. Das Gewicht dieses Gedankengangs kann man sich durch einen Gedankengang klarmachen, aus dem noch einmal die Anziehungskraft verständlich wird, welche die Idee eines unbedingt freien Willens trotz ihrer beweisbaren Unstimmigkeit immer von neuem ausübt. Der Gedankengang geht so: Mein Wille, auch der freie, soll mit dem Rest meiner Person kausal – also durch Beziehungen der Bedingtheit – verflochten sein. Doch die Dinge in mir, aus denen er sich ergibt, werden ihrerseits kausal von der Welt draußen bestimmt. Wird mein Wille damit nicht zum bloßen Spielball des Weltgeschehens, so daß es ein Hohn ist, von seiner Freiheit zu sprechen? Macht uns das als Wollende nicht zum bloßen Treibsand? [...] Der Wille ist wie eine übergestülpte Maske, hinter der sich ein verworrenes Drama unverstandener Wünsche abspielt. Die Logik dieses Dramas zu durchschauen und ihm durch eine Umwertung Geltung zu verschaffen, ist das, was geschieht, wenn es uns schließlich gelingt, die Macht der Identifikation zu brechen und zu einem selbständigen Willen zu finden.«

Peter Bieri: Das Handwerk der Freiheit. Über die Entdeckung des eigenen Willens. Frankfurt a. M.: Fischer, [7]2007. S. 417–423. [Auszüge.]

»While we celebrate equality of opportunity, we live in a society in which birth is becoming fate.« (»Während wir die Chancengleichheit feiern, leben wir [tatsächlich] in einer Gesellschaft, in der die Geburt unser Schicksal bestimmt.«)

James J. Heckman: Promoting Social Mobility. In: Boston Review (September/October 2012), bostonreview.net/archives/BR37.5/ndf_james_heckman_social_mobility.php (Stand: 4. 12. 2020).

»Doch während die Gene festgelegt sind, sind die vielfältigen Verbindungen zwischen den Nerven wandelbar. Sie entwickeln sich, abhängig von Umweltreizen und kulturellen Einflüssen, ständig weiter. Und am Ende ist es gerade dieses Entstehen und Vergehen der Nervenverbindungen, das im Laufe eines Lebens die jeweilige Persönlichkeit ausmacht.«

Christian Heinrich: Schaltplan des Gehirns. In: ZEIT online (1. 8. 2013), www. zeit. de/2013/32/neurowissenschaft-connectome-rsfMRI/seite-2 (Stand: 4. 12. 2020).

ARBEITSBLATT 4c

Freiheit und Determinismus im *Schimmelreiter*

Arbeitsauftrag 1:

Bitte lesen Sie folgende Textauszüge zur Figur Hauke Haien durch und entscheiden Sie, welche Dimension, Schuld (= Freiheit) oder Schicksal (= Determinismus), an der jeweiligen Stelle (eher) erkennbar wird. Machen Sie sich kurze Notizen zu jeder Stelle.

Schimmelreiter, Reclam XL, S. 11, Z. 1–35	
S. 13, Z. 20–33	
S. 17, Z. 16 – S. 19, Z. 13	
S. 96, Z. 5 – S. 97, Z. 5	
S. 105, Z. 15 – S. 107, Z. 7	
S. 122, Z. 10 – S. 124, Z. 4	
S, 126, Z. 29 – S. 127, Z. 24	
S. 140, Z. 8–35	
S. 142, Z. 6–26	

Arbeitsauftrag 2:

Verfassen Sie eine Charakterisierung der Figur Hauke Haien. Halten Sie in ca. 15–20 Sätzen fest, wovon diese Figur getrieben wird (was also ihr Schicksal ist) und was sie selbst bewegt (in welcher Hinsicht sie sich also frei entfalten kann). Greifen Sie dabei auf die Ergebnisse des Arbeitsauftrags 1 zurück. Hilfreich kann auch folgendes Zitat aus einem Brief Theodor Storms sein:

> »Wenn die Katastrophe aus der Niederlage des Deichgrafen im Kampfe der Meinungen stärker hervorgehoben würde, so würde seine Schuld wohl zu sehr zurücktreten. Bei mir ist er körperlich geschwächt, des ewigen Kampfes müde und so lässt er einmal gehen, wofür er sonst stets im Kampf gestanden; es kommt hinzu, dass seine zweite Besichtigung bei heller Sonne die Sache weniger bedenklich erscheinen lässt. Da aber, während Zweifel und Gewissensangst ihn umtreiben, kommt das Verderben. Er trägt seine Schuld, aber eine menschlich verzeihliche.«

Aus einem Brief Storms vom 7. April 1887 an den Soziologen Ferdinand Tönnies. Zit. nach: Hans Wagener: Erläuterungen und Dokumente. Theodor Storm: Der Schimmelreiter. Stuttgart: Reclam, 2001. S. 53. [Behutsam modernisiert.]

Elke Haien: innerer Monolog

Arbeitsauftrag: Im *Schimmelreiter* wird – wohl ganz bewusst – das männliche Erzählen in den Vordergrund gestellt. Alle drei Rahmenerzähler sind männlich, Frauen kommen auf dieser Ebene gar nicht selbst zu Wort. Die weiblichen Figuren sind in der Minderzahl, aber nicht weniger interessant als die männlichen. Lassen Sie nun eine weibliche Figur ihre Sprache finden und stellen Sie sich dafür folgendes Szenario vor:

Elke Haien sitzt, ganz am Ende der Erzählung, mit Wienke im Haus und betrachtet durch das Fenster das weltuntergangsähnliche Szenario vor ihrem Fenster. Sie denkt darüber nach, wie es so weit hat kommen können und fasst zuletzt selbst den Entschluss, mit Wienke das Haus zu verlassen und in den Sturm hinauszugehen.

Welche Gedanken gehen Elke in diesem Moment durch den Kopf? Was bewegt Sie schließlich dazu, gemeinsam mit ihrem Kind in den fast sicheren Tod hinauszugehen? Ist es eher die Schuld (ihres Mannes, der Dorfbewohner …) oder das Schicksal, das aus Elke Haiens Sicht für die Katastrophe verantwortlich ist?

Versuchen Sie den Text als einen inneren Monolog und im Sinne der Bewusstseinsstromtechnik, die u. a. Virginia Woolf und Arthur Schnitzler als literarische Form geprägt haben, zu verfassen. Zur Erläuterung und/oder Wiederholung lesen Sie bitte zunächst die folgenden Ausführungen.

Die Bewusstseinsstromtechnik (*stream of consciousness*) nach Virginia Woolf und Arthur Schnitzler

Die Schriftstellerin Virginia Woolf lebte von 1882 bis zu ihrem Freitod 1941 in Großbritannien. Ihre Texte zählen zu den Klassikern der Weltliteratur, was unter anderem daran liegt, dass sie formal äußerst innovativ waren. Eine ihrer größten literarischen Errungenschaften war die Bewusstseinsstromtechnik, ein Verfahren, das die Leserin oder den Leser so tief ins Innere der Figur blicken lässt wie keine andere Erzählhaltung. Die folgenden Stellen aus ihrem berühmten Aufsatz *Modern Fiction* erlauben einen Einblick in die spezifischen Eigenschaften, die die Bewusstseinsstromtechnik ausmachen:

»Betrachten wir einen Augenblick lang ein gewöhnliches Gemüt einen gewöhnlichen Tag. Es empfängt eine Myriade von Eindrücken – triviale, phantastische, flüchtige, oder solche, die sich stahlscharf einprägen. Von allen Seiten kommen sie heran, ein unablässiger Schauer zahlloser Atome; […] Laßt uns die Atome registrieren, wie und in welcher Reihenfolge sie auf unser Gemüt eindringen, laßt uns jener Verbindung von Eindrücken nachspüren, so unzusammenhängend und sinnlos sie auch sein mag, die jeder Anblick oder Zwischenfall im Bewußtsein formt. Laßt uns nicht ohne weiteres annehmen, das Leben bestünde in reicherem Maße in dem, was man für gewöhnlich groß nennt, als in dem, was man für gewöhnlich klein nennt.«

Virginia Woolf: Augenblicke. Skizzierte Erinnerungen. Übers. von Elizabeth Gilbert. Stuttgart: Deutsche Verlags-Anstalt, 1981. S. 19.

In Bezug auf ihren Schriftstellerkollegen James Joyce und dessen Anwendung des inneren Monologs schreibt sie weiter:

»Joyce ist um jeden Preis entschlossen, das Flackern jener innersten Flamme zu enthüllen, die ihre Mitteilungen durchs Gehirn blitzen läßt; um ihretwillen verzichtet er mit unendlichem Mut auf alles, was ihm nebensächlich erscheint, sei es nun die Wahrscheinlichkeit, oder der Zusammenhang, oder irgendein anderer jener Wegweiser, die viele Generationen lang der Phantasie des Lesers nachzuhelfen bereit waren, wann immer er sich vorzustellen hatte, was er weder sehen noch berühren konnte … Wenn wir das Leben selbst wollen, dann ist es dies.«

Ebd. S. 20.

Eine Definition:

»**Innerer Monolog:** Stummes Selbstgespräch einer literarischen Figur. Der unausgesprochene Bewusstseinszustand der Figur wird meist als Gedankenstrom (Stream of consciousness) in Monologform in der 1. Person Präsens wiedergegeben. Häufige Stilmittel sind Satzfetzen (Ellipsen), Ausrufe, Gedankenassoziationen usw.«

Literarische Grundbegriffe. Von Yomb May. Stuttgart: Reclam, 2012 [u. ö.]. S. 74.

Der Beginn von Arthur Schnitzlers *Lieutenant Gustl* (1901) als Beispiel:

»Wie lange wird denn das noch dauern? Ich muss auf die Uhr schauen … schickt sich wahrscheinlich nicht in einem so ernsten Konzert. Aber wer sieht's denn? Wenn's einer sieht, so passt er gerade so wenig auf, wie ich, und vor dem brauch' ich mich nicht zu genieren […].«

Arthur Schnitzler: Lieutenant Gustl. Hrsg. von Sabine Wolf. Stuttgart: Reclam, 2013 [u. ö].
(Reclam XL. Text und Kontext. 19128.) S. 7.

Wenn Sie Ihren eigenen inneren Monolog verfassen, der Elke Haiens Gedankengänge wiedergibt, dann lassen Sie sich von diesen Beispielen leiten und versuchen Sie sich wirklich in die Figur hineinzuversetzen, jede ihrer Wahrnehmungen zu registrieren (auch wenn sie nicht unmittelbar etwas mit der Entscheidung, die sie trifft, zu tun haben) und ein lebendiges Szenario entstehen zu lassen. Greifen Sie dabei auch auf das Wissen zurück, das Sie im Laufe der vergangenen Unterrichtsstunden bereits erworben haben und denken Sie beispielsweise auch darüber nach, inwiefern der Glaube an Gott und die Vertiefung in mathematische und naturwissenschaftliche Erkenntnisse den Charakter dieser Figur prägen. Vielleicht haben Sie selbst auch schon einmal in einer verzweifelten Lage eine schwierige Entscheidung treffen müssen oder haben jemandem in einem solchen Prozess zur Seite gestanden. Aus solchen Erfahrungen können Sie für diese Aufgabe schöpfen!

5 Gott/Vater versus Mutter/Natur. Intertextuelle Bezüge und Bilder zur Interpretation der Novelle heranziehen

Sachanalyse

Der intertextuelle Bezugspunkt, der in diesem Kapitel entscheidende Hinweise zur Interpretation des *Schimmelreiters* liefern soll, ist Johann Wolfgang von Goethes Ballade *Erlkönig*. In diesem Zusammenhang rückt eine bisher noch wenig beachtete Figur, die Tochter von Hauke und Elke Haien, in den Fokus der Betrachtung und mit ihr die einzige kindliche Perspektive im Text. Kinderfiguren mit besonderen Dispositionen oder außergewöhnlichen Fähigkeiten kommen in der Literatur über alle Zeiten hinweg vor, wobei das Repertoire von rätselhaft-mystischen Figuren von sonderbarer Anziehungskraft – man denke etwa an Goethes »Mignon« – über realitätsnahe Charakterstudien wie sie etwa Marie von Ebner-Eschenbach in *Das Gemeindekind* betrieben hat, bis hin zu sonderbar anmutenden Wesen zwischen Erwachsensein und Kindheit reicht, wie sie beispielsweise in Günter Grass' *Blechtrommel* oder Jenny Erpenbecks *Geschichte vom alten Kind* zu finden sind. Sozusagen ›von Natur aus‹ Außenseiterinnen und Außenseiter im Universum der Erwachsenen, wohnt derlei Figuren meist eine »Spiegelfunktion« inne, so dass sich im glasklaren Blick ihrer noch unaufgeklärten Naivität die bewussten Falschheiten, Ambivalenzen und Widersprüche der jeweils gezeigten Gesellschaft unverstellt offenbaren. Nicht selten werden diesen kindlichen Figuren deshalb auch besondere Fähigkeiten zugeschrieben.

Auch Wienke wird als ein unerklärliches, rätselhaftes Wesen beschrieben. Sie leidet an einer Krankheit, die ihre geistige Entwicklung beeinträchtigt, wobei dies ihre altersgemäße Eigenschaft, ihrer Umgebung noch auf einer sinnlichen und emotionalen Ebene eng verbunden zu sein, deutlich verstärkt. Hauke Haien, der zunächst ausschließlich einem naturwissenschaftlich-rationalistischen Denken zugeneigt scheint und alles Ursprüngliche und Unvernünftige scharf zurückweist, empfindet seinem Kind gegenüber große Zuneigung, und in den Szenen, die das familiäre Zusammenleben beschreiben, wird deutlich, dass Haien kein hartherziger Positivist ist. In der Erzählung markiert die Interaktion zwischen Wienke und ihrem Vater somit einen Punkt, der ein Gegenbild der Szene zwischen dem Protagonisten und Trien' Jans Kater darstellt. Brechen sich dort die Triebe des Protagonisten Bahn, nimmt Hauke Haien hier gänzlich von einer Be- oder Verurteilung seiner Tochter Abstand und nimmt sie, seinem Gefühl folgend, so an, wie sie ist. Ebenso grund- und grenzenlos wie sein Hass gegen das Tier zu Beginn der Geschichte, ist gegen deren Ende hin die Liebe zu seiner Tochter. Die Szenen, die gemeinsame Erlebnisse von Wienke und Hauke Haien beschreiben, lassen allerdings nicht nur Rückschlüsse auf die innere Verfassung des Protagonisten zu, sie sind auch als paradigmatisch für die in der Novelle zentralen Themenkomplexe »Vater (also auch: Gott)«, »Natur« und »Macht« zu sehen, die hier einmal mehr mit der Frage nach Verantwortung, Schuld und Schicksalshaftigkeit verwoben werden. Nicht zuletzt kommt es in der literarischen Darstellung der literaturgeschichtlich bedeutsamen Topoi »Natur« und »Vater« zu leicht nachvollziehbaren intertextuellen Verschränkungen mit Goethes Ballade, die im Unterricht gut genutzt werden kann. Letztlich entpuppt sich die Schuldfrage in der zentralen Szene eines Ausritts (115,1–117,19), den Wienke mit ihrem Vater unternimmt, als stark an Goethes *Erlkönig* angelehnt und hier wie dort wird (auch) das Thema der väterlichen, als ausschließlich rational definierten Macht verhandelt, die dem irrationalen, willkürlich agierenden Willen von »Mutter Natur« gegenübergestellt wird. Im *Schimmelreiter* werden die eng gesetzten und als schicksalhaft erfahrenen Grenzen dieser Macht gegen Ende der Novelle immer deutlicher wahrnehmbar, wobei damit die Frage nach der väterlichen Überlegenheit auch innerhalb der Binnenerzählung (d.h. auch für den Protagonisten selbst) in den Vordergrund rückt. Der intertextuelle Vergleich hilft, diese Aspekte der Geschichte in einen größeren Zusammenhang einzuordnen und die hier ins Wanken geratenen Gewissheiten als eine historisch gewachsene Verunsicherung zu begreifen, die in der Postmoderne ihren Höhepunkt erreicht hat.

Unterrichtsverlauf

Überblick. Das Erkennen intertextueller Bezüge sowie deren Einbeziehung in die Interpretation gilt nicht nur als eine wesentliche Kategorie literarischer Kompetenz, sondern auch als eine Fähigkeit, die für das souveräne Agieren in einer zunehmend komplexer werdenden Welt gebraucht wird. In diesem Kapitel ist der intertextuelle Bezugstext einer zentralen Passage des *Schimmelreiters* vorgegeben und die Zusammenhänge und Diskrepanzen werden sowohl gemeinsam als auch anhand von Leitfragen zu zweit erschlossen. Fakultativ kann die Fähigkeit zur Herstellung von Bild-Text-Bezügen in diesem Zusammenhang eingeübt werden.
! **Verkürzter Verlauf: 5.1 – 5.2**

Phase	Thema	Sozialform	Kompetenzen und Lernziele	Materialien
Voraussetzungen: Vollständige Lektüre der Novelle				
5.1	Das »stille Kind« Wienke und seine Bedeutung in der Novelle	EA / UG	• Die (fehlende) Entwicklung von Figuren als eine wesentliche Dimension der Novelle begreifen • Die Rolle des familiären Gefüges verstehen und in einen größeren Zusammenhang einordnen können	VORLAGE 5a ➤ S. 51 TAFELBILD 5a ➤ S. 52
5.2	Intertextuelle Bezüge zwischen dem *Schimmelreiter* und Goethes Ballade *Erlkönig*	SV / LV / PA / UG	• Intertextuelle Bezüge erkennen und für die Interpretation nutzen • Themen und Motive in ihrer langfristigen Bedeutsamkeit erkennen	ARBEITSBLATT 5a ➤ S. 58 TAFELBILD 5b ➤ S. 54
5.3 **fakultativ**	Vergleiche zwischen literarischem Text und bildhafter Darstellung	EA / UG / PA	• Bild und Text miteinander in Beziehung setzen • Prinzipielle Unterschiede und Gemeinsamkeiten zwischen sprachlichen und visuellen Darstellungsformen erkennen	VORLAGE 5b ➤ S. 56 ARBEITSBLATT 5b ➤ S. 59 Internetzugang
HA **fakultativ**	Anfertigen einer Skizze zur Illustration des Ausritts von Hauke mit Wienke zum Meer			

5.1 Das »stille Kind« Wienke und seine Bedeutung in der Novelle

EA / UG
VORLAGE 5a ➤ S. 51
TAFELBILD 5a ➤ S. 52

Unterrichtsschritt. Die Lerngruppe wird gebeten, jene Abschnitte zu lesen, die zentral für die Einordnung der Figur Wienke und ihre Beziehung zu Hauke und Elke Haien sind (VORLAGE 5a ***Hauke und Elke Haien und ihre Tochter Wienke***). Danach wird im Plenum die Charakteristik der familiären Struktur und vor allem die Rolle des Kindes herausgearbeitet. Die schematische Darstellung der Beziehungen auf TAFELBILD 5a soll das komplexe Beziehungsgefüge im Text noch einmal zusammenfassend darstellen und schafft eine sichere Basis für die Herausarbeitung des intertextuellen Zusammenhangs. Da die Thematik der Lerngruppe grundsätzlich schon vertraut ist, beansprucht dieser Unterrichtsschritt nicht allzu viel Zeit.

Erläuterungen. Elke und Hauke Haiens Ehe fällt in einigen ihrer Eigenheiten aus dem Rahmen dessen, was im 18. Jahrhundert als für diesen Verbund maßgeblich betrachtet wurde. Weder kann sie als »standesgemäß« gelten, noch erfüllt sich der Wunsch nach einem Kind, dem Garanten für den Weiterbestand der Linie. Als schließlich, nach acht Jahren, doch noch ein Kind geboren wird, ist es erstens ›nur‹ ein Mädchen, also kein Stammhalter im damals üblichen Sinne, und zweitens ein geistig beeinträchtigtes Kind, das nie den Status eines erwachsenen und mündigen Menschen erlangen wird. Die Erzählungen um Wienke richten sich damit gleich mehrfach gegen die Ideale ihres Vaters: Sie bleibt zeitlebens einem kindlichen Denken verhaftet, das dem Irrationalen nähersteht als den vernunftbasierten Prinzipien, denen er selbst anhängt. Da Wienke viel Zeit im Haus verbringt, erfährt sie die Welt vor allem als eine durch Geschichten vermittelte, die meisten davon erzählt ihr Trien' Jans, deren grundsätzliche Neigung zu Aberglaube und Spukgeschichten Hauke Haien wenig schätzt. Während er sich um das ›Draußen‹, die ›Verwaltung‹ der Grenze zwischen der Welt der Menschen (dem Dorf) und der unberechenbaren Natur (als Grenze fungiert der Deich) kümmert, ist Wienke ganz der häuslichen Welt zuzurechnen und steht unter dem Einfluss der alten Erzählungen. Ihre Passivität, die man auch als »Beobachtungskunst« interpretieren könnte, ist einerseits ein Symptom ihrer Krankheit, andererseits steht diese auch in symbolischer Hinsicht der permanenten Aktivität des Vaters kontrapunktisch gegenüber. Weiblichkeit/Passivität und Irrationalismus bilden in den westlichen Kulturen eine symbolische Einheit, der hier das väterliche Engagement und dessen ausgeprägte Verstandeskraft gegenübergestellt wird. Elke wird in diesem Gefüge eine Zwischenposition zugeschrieben, denn ihr Intellekt wird zu Beginn der Novelle ebenfalls als herausragend beschrieben, allerdings zieht sie sich nach der Heirat in den häuslichen Bereich zurück und wird dort (notgedrungen) ebenfalls passiv in Hinblick auf das Geschehen rund um den Bau des neuen Deichs. Elke kann dennoch nicht als Antipode zu ihrem Mann gesehen werden, Wienke hingegen verkörpert all das, was ihr Vater ablehnt. Dennoch liebt Hauke sein Kind aufrichtig (vgl. etwa 122,1–9) und unternimmt in einer zentralen Passage sogar den Versuch, es mit hinauszunehmen in ›seine‹ Welt. Was im Zuge dieses Aufeinandertreffens der zwei Sphären, die die Novelle prägen, geschieht, ist geradezu paradigmatisch für die gesamte Erzählung: Wienke erlebt die Natur in ihrer gefährlichen und potenziell sogar tödlichen Dimension, und genau wie das Kind in Goethes *Erlkönig* personifiziert sie diese Angst, indem sie etwa behauptet, dass das Wasser sprechen könne, oder fragt, ob das Wasser denn Beine habe und »über den Deich kommen« könne (vgl. 117,10–13). Wienke beschwört den Vater in diesem Szenario immer wieder als eine Instanz, von der sie sich Schutz erhofft, aber Hauke macht wiederholt deutlich, dass es nur die wissenschaftlichen Errungenschaften sind, die Schutz bieten können: »›Nicht ich kann das, Kind!‹ entgegnete Hauke ernst; ›aber der Deich, auf dem wir reiten, der schützt uns, und den hat dein Vater ausgedacht und bauen lassen!‹« (116,21 ff.) Das Wasser und dessen natürliche Gewalt, die, so klingt es hier an, womöglich stärker ist als die schützende Macht des Dammes, den der Vater gebaut hat, erfährt somit in dieser Szene eine implizit bleibende, aber dennoch große Bedeutung. Hauke Haien versucht seinem Kind die Angst zu nehmen, indem er die Zuverlässigkeit des Dammes beschwört, aber es wird doch spürbar, dass ihn die Sorge seines Kindes nicht völlig unberührt lässt (vgl. 116,11–15). Wiewohl die Väter in beiden Fällen versuchen, den Phantasien ihrer Kinder naturwissenschaftliche Erklärungen entgegenzusetzen, behalten in beiden diese mit ihrer Vorausahnung des Unglücks recht.

VORLAGE 5a

Hauke und Elke Haien und ihre Tochter Wienke

Für das Verhältnis zwischen Hauke und Elke Haien und ihrer Tochter wichtige Stellen im Text (*Schimmelreiter*, Reclam XL):

- S. 102, Z. 33 – S. 103, Z. 30
- S. 111, Z. 8–24
- S. 113, Z. 8–35
- S. 114, Z. 1 – S. 118, Z. 26
- S. 120, Z. 26 – S. 122, Z. 9

5.2 Intertextuelle Bezüge zwischen dem *Schimmelreiter* und Goethes Ballade *Erlkönig*

Unterrichtsschritt. Die Schülerinnen und Schüler erhalten ARBEITSBLATT 5a ***Johann Wolfgang Goethe: »Erlkönig«***, das den Ganztext der Ballade enthält. Eine Person aus der Lerngruppe wird gebeten, die Ballade vorzulesen. Nach dem Hinweis, dass diese Ballade enge Bezüge zu einer Passage in Theodor Storms *Schimmelreiter* aufweist, liest die Lehrperson die entsprechende Textstelle vor (115,23–117,19). Im Anschluss sollen in Partnerarbeit mit den Arbeitsaufträgen auf ARBEITSBLATT 5a Gemeinsamkeiten und Unterschiede der beiden Texte erarbeitet und Erklärungen für Storms Bezugnahme gesucht werden. Im Unterrichtsgespräch werden die Ergebnisse gesammelt und in TAFELBILD 5b gesichert.

SV / LV / PA / UG

ARBEITSBLATT 5a ➤ S. 58

TAFELBILD 5b ➤ S. 54

Erläuterungen. Das didaktische Kernstück dieser Stunde bildet der intertextuelle Vergleich, der die Lerngruppe auf die »Gemachtheit« literarischer Texte und die damit verbundene Bedeutsamkeit selbst kleinster Details aufmerksam machen soll. Weiterhin macht der Vergleich deutlich, dass bestimmte Themen auch über lange histori-

TAFELBILD 5a

Die Familie Haien

	Elke Haien	Hauke Haien	Wienke Haien
Charakter-eigen-schaften	• Naturwissenschaftlich begabt • Sanftmütig • In sich gekehrt • Fühlt sich verantwortlich für die Krankheit ihres Kindes • Glaube an die Notwendigkeit der Wissenschaften und an die Kraft traditioneller Vorstellungen vom menschlichen Zusammenleben	• Fast ausschließlich an Naturwissenschaften interessiert • Handelt überlegt, rational • Wiederkehrende aggressive Ausbrüche • In sich gekehrt • Selbstzweifel • Glaube an die Allmacht der Wissenschaften	• Passiv, bis hin zur Lethargie • Geringe Intelligenz • Sanftmütig • Liebt die Geschichten aus dem Volk • Möchte an die Allmacht ihres Vaters glauben • Erklärt sich die Welt durch bloße Eindrücke und Erfahrungen
Rollen	• Zu Beginn der Novelle: Beraterin ihres Vaters/führt Hauke Haiens sozialen Aufstieg herbei • Ab der Eheschließung: Zunehmende Distanz zu Hauke/Mutterschaft/beratende Funktion nur noch in Ausnahmesituationen • Insgesamt: dynamische Entwicklung von hoher Aktivität zu tendenzieller Passivität	• Zu Beginn der Novelle: Einzelgänger, große Faszination für naturwissenschaftliche Zusammenhänge, Zweifel an der Überlegenheit des Althergebrachten; in Ausnahmefällen: Aggressor • Wendepunkt: Bekanntschaft mit Elke; Emotionale Dimension spielt ab diesem Zeitpunkt eine Rolle; später: Distanzierung gegenüber Elke, weiterhin Zuneigung zum gemeinsamen Kind • Insgesamt: weniger dynamische Entwicklung als Elke	• Erweckt die Liebe ihrer näheren Umgebung und fördert den familiären Zusammenhalt • Besitzt die Liebe ihres Vaters, auch wenn dieser andere Werte vertritt, als sie es jemals könnte
Ort	• Sphäre des ›Drinnen‹	• Sphäre des ›Draußen‹	• Sphäre des ›Drinnen‹, das ›Draußen‹ macht ihr Angst
Geistes-haltung	• Vertritt grundsätzlich aufklärerische Ideale, fühlt sich aber der Religion und dem einfachen Volk verbunden (soziales Engagement, z. B. Fürsorge der alten Trien' Jans gegenüber)	• Vertritt aufklärerische Ideale, kann sich aber von seiner menschlichen Natur und den damit verbundenen Emotionen nicht befreien	• Nähe zu Tieren und Menschen • Erfahrungen werden durch Erzählungen ersetzt • Frei von Vorurteilen, gleichzeitig große Naivität und Manipulierbarkeit • Gefallen = Mögen • Irrationales und Rationales sind ihr unbekannte Kategorien • Einzige positiv besetzte Verbindungslinie des Vaters zu einer Welt jenseits des naturwissenschaftlich-rationalen Ideals

sche Zeiträume hinweg relevant bleiben und literarische Motive und erzählerische Techniken hervorbringen, die von Schriftstellerinnen und Schriftstellern nachfolgender Generationen wieder aufgegriffen werden (hier etwa: die personifizierte Natur in ihrer unheilverkündenden Dimension). Die Lehrperson kann in diesem Zusammenhang auch darauf verweisen, dass sich Goethe und Storm in der Produktion der beiden Texte insofern einer ähnlichen Vorgehensweise bedient haben, als sie beide auf die Volksdichtung bzw. die ebenfalls vom Volk erzählte Sage zurückgegriffen haben. Dieser direkte Weg war bei Goethe allerdings unterbrochen durch die Rezeption von Johann Gottfried Herders Kunstballade *Erlkönigs Tochter (»Herr Oluf«)*. Goethes Ballade ist 1781 erschienen, Theodor Storms Novelle gut hundert Jahre später, wobei dieser recht lang erscheinende Zeitraum gerade in Hinblick auf die Notwendigkeit bzw. die Grenzen eines auf Vernunft und ethischen Grundsätzen basierenden Handelns und Denkens Fragen aufgeworfen hat, auf die es bis heute noch keine endgültigen Antworten gibt. Goethes naturmagische Ballade hatte die Romantik und ihren starken Naturbezug in der Literatur noch vor, Storm hatte diese hinter sich. Bei aller Unterschiedlichkeit, von der angesichts dieses historischen Gefälles auszugehen ist, sind die Ähnlichkeiten in der Szene von Wienkes Ausritt mit dem Vater doch frappierend und können einer eingehenden Betrachtung des *Schimmelreiters* wertvolle Impulse geben. Unter den bedeutsamen Gemeinsamkeiten sei hier etwa genannt, dass beide Kinder – das eine ein Junge, das andere ein Mädchen – die Natur als eine im eigentlichen Wortsinn berührende Kraft empfinden, der zumindest potenziell dämonische Züge eignen. Die figurativen Imaginationen, die daraus hervorgehen, geben der empfundenen Bedrohung eine Gestalt, wobei dies den Vätern jeweils auch mitgeteilt wird. Diese gehen auf die Phantasien jedoch nicht ein, sondern versuchen ihnen mit naturwissenschaftlichen Erklärungen beizukommen. Während der Vater im *Erlkönig* in seiner Beziehung zu seinem Kind keine klaren Konturen erhält, ist das bei Hauke anders. Er lässt sich zweimal auf die Schilderungen seiner Tochter, die ihm sehr nahesteht, ein, auch wenn er sie letztlich als irrational abweist. Mit ihrer Vorausahnung des Unglücks behalten in beiden Fällen jedoch die Kinder recht, wobei die kindlichen Wahrnehmungen, die man an sich als Fiebertraum oder bloßes Hirngespinst abtun könnte, dadurch vom Ende des jeweiligen Textes her an Gewicht gewinnen und als eine Beschreibung der tatsächlichen Kräfteverhältnisse im Wechselspiel zwischen aufklärerischer Vernunft und Natur im *Erlkönig* beziehungsweise als eine Art hellsichtiger Vorausschau der Zukunft im Falle des *Schimmelreiters* wahrgenommen werden können. Die Passage, die Haukes schwere Erkrankung beschreibt (122,10–17), schließt unmittelbar an eine weitere, der ersten sehr ähnliche Deichbegehung des Vaters mit seiner Tochter an. Der Vater, so könnte man sagen, wird also von der als irrational abgetanen Sorge seiner Tochter tatsächlich affiziert, und das Ende der Novelle lässt uns wissen, dass er gut daran getan hätte, beide Prinzipien (jenes der verstandesgemäßen Logik und jenes einer intuitiv-mythischen Vorausahnung) in seinem Denken zu integrieren. Das männliche Kind im *Erlkönig* lässt in diesem Zusammenhang mehrere Interpretationen zu und könnte im Zuge des geschilderten Szenarios von seinem Vater den sirenenhaften Mächten der Natur entrissen werden. In dieser Ausdeutung der Ballade wäre lediglich das noch zwischen den Sphären des Naturhaften und des Geistes unentschiedene »Kind« tot, dies wäre aber dann gleichzeitig die Geburtsstunde des erwachsenen, vernunftgemäß handelnden Mannes.

Im Einzelnen zu den Arbeitsaufträgen auf **ARBEITSBLATT 5a**:

1. Es ist anzunehmen, dass die Lerngruppe bemerkt, dass beide Kinder die Natur in ihrem bedrohlichen und dem menschlichen Sein entgegengerichteten Aspekt wahrnehmen, wobei eine Personifikation erfolgt (etwa: der sprechende und handelnde Erlkönig / das Meer, das Beine bekommen könnte). Im Unterschied zu Goethe lässt Storm die ›verführerische‹ Seite des Geschehens außer Acht, Wienke äußert nur ihre Angst vor dem Wasser, während der Sohn im *Erlkönig* diesen und seine Töchter auch als eine Instanz wahrnimmt, die für denjenigen, der sich ihr ergibt, Versprechungen bereithält. Dieser Unterschied lässt sich einerseits aus der größeren Nähe bzw. der inhaltlichen Treue Goethes zu Johann Gottfried Herders Gedicht (*Erlkönigs Töchter / Herr Oluf*) erklären, andererseits könnte man auch die Dimensionen des Männlichen und Weiblichen in diesem Zusammenhang für die Unterschiede verantwortlich machen. Der Junge bei Goethe, der selbst noch in seiner kindlichen, also noch nicht mannhaften Gestalt, bereits eher der Sphäre der patriarchal-rationalen Logik zugewandt ist, erlebt die Kräfte der beseelten Natur auch als die Sphäre des Weiblichen und damit »Verbotenen«, die eine gewisse Verführungskraft ausübt. Das Mädchen Wienke gehört als Frau selbst dieser Sphäre an, durch ihre geistige Beeinträchtigung ist sie in ihrem Denken besonders leicht beeinflussbar. Das »stille Kind« wirkt eher wie eine Leinwand, auf die Werte, Ängste und Vorurteile der Umgebung projiziert werden. Sie fürchtet das Wasser und die Nebelgestalten im Watt, weil sie viele unheimliche Geschichten darüber gehört hat. Gleichzeitig spiegelt sie das gesellschaftliche System wider, in dem sie aufwächst: Der patriarchal überhöhte Vater ist für sie mit einer Art göttlicher Allmacht ausgestattet, die vor den Gefahren der unberechenbaren Natur schützen kann.

Durch die Einbeziehung der Aussagen eines unbefangen seine Eindrücke schildernden Kindes tritt die im Text durchgehend angelegte Opposition Ratio (Aufklärung) vs. Irrational-Naturmagisches (Volksglaube, Mythisches) noch stärker hervor.

2. Beide Väter antworten mit rationaler Logik auf die »Phantasien« des Kindes und versuchen die verzerrte Wahrnehmung wieder in die geordneten Bahnen distanziert-kühler Betrachtung zu lenken (im *Erlkönig* v.a. die Verszeilen »Mein Sohn, es ist ein Nebelstreif« und »In dürren Blättern säuselt der Wind«; im *Schimmelreiter* z.B.: »Still, Kind, du bist bei deinem Vater; das Wasser tut dir nichts!« (116,14 f.) oder »der Deich, auf dem wir reiten, der schützt uns, und den hat dein Vater ausgedacht und bauen lassen« (116,22 f.). Es könnte den Schülerinnen und Schülern auch auffallen, dass der Vater im *Erlkönig*, soweit es uns die Erzählstimme eben wissen lässt, erst am Ende selbst von Grauen gepackt wird, während Hauke Haien vor allem durch Wienkes Fragen nach der väterlichen Macht die ganze Zeit über verunsichert scheint. Die entscheidende, zum wiederholten Male gestellte Frage »aber du kannst doch alles, Vater?« (116,30) wird nicht mehr beantwortet oder die Antwort wird vom Donnergrollen, einer Art Warnzeichen der Natur, übertönt. In eben diesem Moment reitet Hauke mit dem Kind zurück zur Mutter, in die Sphäre des Weiblichen also, die Allmacht des Vaters scheint gebrochen.

3. Es war eine der Gesetzmäßigkeiten des Realismus, althergebrachte Erzählungen von Vorgängen, die »wirklich« stattgefunden haben, miteinzubeziehen. Storm greift diese »Vorgabe« der literarischen Strömung, der sein Werk zugerechnet wird, auf, allerdings konterkariert er hier wie anderswo den Anspruch des Realistischen, indem er vorzugsweise auf Legenden über geisterhafte Erscheinungen Bezug nimmt. Diese bringen an sich schon die Infragestellung dessen, was real ist, mit sich.

4. Es gibt keine historisch verifizierte Antwort auf diese Frage, aber es lässt sich v.a. an Hand seiner Briefwechsel nachweisen, dass Theodor Storm ein enges Verhältnis zu seinen Töchtern hatte. Die Entscheidung, Hauke Haien eine Tochter zu erdichten, hatte aber wohl weniger biografische als erzählerische Hintergründe. Ein Sohn hätte die Ehe zwischen Elke und Haien zumindest in Hinsicht auf einen »Stammhalter« erfolgreich erscheinen lassen, doch diese Verbindung ist in der Novelle als eine durch und durch krisenhafte angelegt. Wienke ist der

TAFELBILD 5b

Vergleich zwischen *Erlkönig* und *Schimmelreiter*

	Erlkönig	*Schimmelreiter*
1. Kind	• Sohn • Natur ist bedrohlich, aber auch verführerisch • Personifizierung: Erlkönig • Natur steht für das irrationale, mythische ›Weibliche‹	• Tochter • Natur ist bedrohlich • Personifizierung: Meer • Natur steht für das irrationale, mythische ›Weibliche‹
2. Vater	• rationale Logik (›männliches‹ Prinzip) • wird schließlich auch vom Grauen gepackt	• rationale Logik (›männliches‹ Prinzip) • ist verunsichert (keine Antwort auf die Frage: »du kannst doch alles, Vater?«)
3. Storms Bezug auf Goethes Ballade	• Storm will den Anspruch des Realistischen konterkarieren	
4. Junge/Mädchen	• Wienke ist der weiblich konnotierten Sphäre des Irrationalen fest verbunden, wird aber vom (›männlich‹-rationalen) Protagonisten Hauke Haien bedingungslos geliebt = Verbindung der Sphären • Bei Goethe ist der Junge als Kind ebenfalls noch nicht in die männlich konnotierte Sphäre rationaler Erkenntnis eingetreten, die Bedrohung im *Erlkönig* wurde in der Sekundärliteratur aber auch als Initiationsritus gedeutet (der Mann überlässt sein kindliches Ich den Dämonen)	

Sphäre des weiblich konnotierten Irrationalen durch ihre Krankheit fest verbunden, dennoch erkennt Hauke sie als seine Tochter an, ja er kann sich ihre besondere Verfassung sogar eingestehen und sie gleichzeitig aufrichtig lieben. Das zeigt eine völlig neue Facette der Figur Hauke Haien. In zugespitzter Weise ließe sich Wienke vielleicht als eine Art »feministisches Statement« des Autors im Text verstehen, denn in ihr verbindet sich das väterlich-rationale Prinzip in liebevoller Zuwendung mit dem »Andersverstehen« und der Sphäre des Irrationalen, ohne dass der Protagonist dies als einen inneren Widerspruch wahrnimmt. Letztlich entscheidet Hauke sich aber immer für eine Auslöschung von Angst und Sorge, die Wienke äußert, zugunsten eines rein verstandesgeleiteten Vorgehens. Die apokalyptische Schlussszene gibt Wienkes Befürchtungen jedoch recht, somit ist der Novelle ein starker Hinweis auf die Notwendigkeit zur Verbindung beider Prinzipien in einer Person eingeschrieben (es könnte sich hier ebenso gut um Elke wie auch um Hauke handeln, die beiden Namen sind einander auch lautlich sehr ähnlich).

5.3 Vergleiche zwischen literarischem Text und bildhafter Darstellung fakultativ

Unterrichtsschritt. Zunächst wird der Lerngruppe VORLAGE 5b ***Moritz von Schwind: »Der Erlkönig«*** präsentiert und Zeit für die Betrachtung eingeräumt. Nach Ablauf von ca. 3 Minuten werden die Schülerinnen und Schüler gebeten ihre Assoziationen zu diesem Bild im Sinne einer »écriture automatique« (Dauer: 8 Minuten) festzuhalten. Danach werden die Assoziationen in einem Unterrichtsgespräch gesammelt und besprochen, wobei die Lehrperson das Ergebnis dieses Gesprächs in Stichworten an der Tafel festhält. Eine Partnerarbeit, in der anhand von ARBEITSBLATT 5b ***Moritz von Schwind: »Der Erlkönig«*** Fragen bearbeitet werden, bildet den Abschluss der Stunde. (Die Rückbindung dieses Unterrichtsschritts an den *Schimmelreiter* erfolgt durch die – ebenfalls fakultative – Hausaufgabe.)

EA / UG / PA

VORLAGE 5b ➤ S. 56
ARBEITSBLATT 5b ➤ S. 59

Erläuterungen. Dieser Unterrichtsschritt soll zu einem besseren Verständnis für die Eigengesetzlichkeiten des Visuellen beitragen. Die Methode der »écriture automatique« ist für eine erste Annäherung an das Bild besonders geeignet, weil sie Assoziationen und Metaphern privilegiert. Diese Formen eines kognitiv weniger stark gesteuerten und intuitiv-bildhaften Schreibens sind den Erkenntnissen der Kunstdidaktik zufolge mit den visuellen Darstellungsformen am ehesten verwandt, sie ermöglichen gewissermaßen eine Annäherung des Verbalen an die Ausdrucksformen des Visuellen. Konkret bedeutet »écriture automatique« ein zeitlich klar begrenztes fortwährendes Schreiben, in dessen Verlauf der Stift nicht abgesetzt werden darf. Fallen den schreibenden Personen keine Worte mehr ein, soll der Schreibfluss dennoch nicht unterbrochen werden, Schleifen oder gestrichelte Linien können den ›Leerlauf‹ überbrücken, bis die bloße Form wieder in Schriftzeichen übergehen kann. Nach Erledigung dieses Auftrages soll es den einzelnen Personen überlassen werden, was sie von diesem Sammelsurium an Worten und Metaphern, Phrasen und vielleicht auch Textteilen preisgeben möchten. Um eine ›unzensierte‹ Fassung der ersten Gedanken zum Bild zustande kommen zu lassen, ist es von großer Bedeutung, dass die Lehrperson die Freiwilligkeit der Präsentation von Ergebnissen bereits vor Beginn des Schreibens betont.

Nach dieser ersten, auf reflexive Distanzierung bewusst verzichtenden Annäherung an das Bild soll eine zweite und abschließende Phase folgen, in der sich die Schülerinnen und Schüler zu zweit über das Bild unterhalten können. Dies kann entweder ungesteuert oder aber anhand der Leitfragen erfolgen, die auf ARBEITSBLATT 5b zu finden sind. Die Lehrperson soll vor Beginn der Arbeitsphase noch darauf verweisen, dass selbst die sehr ›texttreue‹ Gestaltung des Bildes notwendigerweise eine Interpretation einschließt. In der Beantwortung der Fragen geht es also vor allem darum, sich zu überlegen, wie eine rein sprachlich formulierte Atmosphäre überhaupt ›ins Bild gesetzt‹ werden kann und welche Elemente hier welche Funktionen erfüllen können. Die Vorstellungen, die sich im Anschluss an diese Frage ergeben, können und dürfen sehr unterschiedlich sein. In der Nachbearbeitung dieser Partnerarbeit bzw. für die Hausaufgabe sollte die Lehrperson darauf verweisen, dass es auch andere Möglichkeiten der Herstellung von Bild-Text-Bezügen gibt als jene, die Moritz von Schwind hier gewählt hat. Während nämlich seine stark illustrativ ausgerichtete Form der bildhaften Inszenierung heute etwa in der Bilderbuchkunst als ästhetisch weniger anspruchsvoll betrachtet wird, erfahren kontrapunktische (das Bild erzählt etwas ganz anderes als der Text, wobei die vermittelten Botschaften einander widersprechen) oder weitererzählende Darstellungen (das Bild erzählt eine »Parallelgeschichte« zur schriftlichen Erzählung) gerade eine hohe Anerkennung und werden geradezu als Qualitätsmerkmal betrachtet. Der Hinweis darauf, dass sich derlei Kategorien der Beurteilung im ästhetischen Bereich ständig verändern, ist dabei nicht nur für den Bereich der bildenden Kunst, sondern auch für die Literatur zutreffend.

Zu den Arbeitsaufträgen des ARBEITSBLATTS 5b im Einzelnen:

1. Visuelle Attribute der Figur des Vaters: Eine mögliche Antwort auf diese Frage wäre, dass der Vater den Knaben im Text »sicher und warm« hält, während er im Bild selbst als ein Gehetzter inszeniert wird, dessen Haltung insgesamt darauf schließen lässt, dass die Angst des Kindes längst auch seine eigene ist, auch wenn er auf der verbalen Ebene der Ballade noch um rationale Erklärungen bemüht ist. Das ›Berührtsein‹ des Vaters durch die Präsenz des Erlkönigs erhält durch das Gemälde einen solchen Grad an Realität (der Erlkönig berührt beinahe den Mantel des Vaters, nicht den Sohn), dass es allen Beteuerungsversuchen des Vaters, dass dieser gar nicht existiere, zu widersprechen scheint. Die Augen des Pferdes, das der Vater reitet, sind als schwarze, ausdruckslose Höhlen gestaltet, und der wilde Galopp verstärkt den Eindruck eines panischen Tieres, das hier ebenfalls vor etwas Bedrohlichem flieht. Die in Erdtönen gehaltene Kleidung des Vaters verbindet ihn auf visueller Ebene mit der Natur, d. h. er erscheint hier selbst als jenes »Naturwesen«, das er in Goethes Gedicht gerade durch die vernünftigen Erklärungen, mit denen er seinen Sohn beruhigen möchte, nicht ist. Während im Text die Wiederholungen dominieren, der Vater also immer wieder seine aufklärerische Sicht der Umgebung den Phantasien seines Kindes entgegensetzen kann, sehen wir im Bild eine Momentaufnahme, die in der Fixierung eines bestimmten Geschehens weniger Leerräume eröffnet als das Gedicht. Der Vater im Gedicht kann selbst von Angst befallen sein oder auch nicht, der Text lässt beide Lesarten zu. Das Bild aber ist in seiner Momenthaftigkeit gezwungen, eine Interpretation vorzunehmen, und tut dies offensichtlich auch. Dieser Eindruck relativiert sich allerdings ein wenig, wenn man die verschiedenen Varianten des Bildes, die ein und derselbe Maler geschaffen hat, betrachtet.

2. Wirkung der räumlichen Anordnung der Figuren: Den Schülerinnen und Schülern wird an dieser Stelle möglicherweise auffallen, dass sie ihre eigenen Vorstellungen vom Aussehen des Erlkönigs hatten, bevor sie das Bild gesehen haben. Nicht alle werden diese Figur als über der Szenerie schwebend imaginiert haben, denn sowohl der Wind als auch der Nebel, zu dem der Erlkönig im Gedicht in Bezug gesetzt wird, haben grundsätzlich eher umhüllende Eigenschaften. Die Frage, wie ein mythischer König auszusehen habe, wird sich unter Umstän-

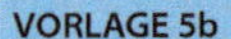

Moritz von Schwind: *Der Erlkönig*, um 1830, Belvedere, Wien, Inv.-Nr. 615. –

den auch stellen, und es ist anzunehmen, dass die Lerngruppe hier in ihren Vorstellungen zumindest teilweise von der Ästhetik von Videospielen und Filmen beeinflusst ist.

Beachtenswert sind im Zusammenhang mit dieser Frage auch »Erlkönigs Töchter«, die auf Moritz von Schwinds Bild als romantische Naturgottheiten in pastellfarbenen, wogenden Kleidern inszeniert werden. Das entspricht weitgehend dem Bild der ›wiegenden, tanzenden und singenden‹ Töchter, die im Gedicht durch den Erlkönig beschrieben werden. Die Positionierung im Bild ist ebenso wie die – im Vergleich zu ihrem Vater sehr unterschiedliche – Farbgebung insofern interessant, als sie durch einen aus dem Boden ragenden, abgestorbenen Baum von der Szene um Vater und Sohn perspektivisch abgeschnitten zu sein scheinen. Dafür gibt es im Gedicht keine Hinweise, Interpretationsansätze dazu vonseiten der Lerngruppe sind also umso interessanter.

3. Weitere *Erlkönig*-Illustrationen im Internet: Unterschiede werden einerseits auf stilistischer Ebene auffallen, was vor allem im Vergleich zu literarischen Texten und deren unterschiedlichen Darstellungsweisen an sich schon als eine wichtige Feststellung gelten kann. In der Beantwortung dieser abschließenden Frage wird jedoch vor allem offensichtlich werden, dass jegliche Form der Visualisierung eine Interpretation darstellt, ja auf eine solche gar nicht verzichten kann. Wie unterschiedlich diese Interpretationen sind, wird für Erstaunen sorgen und neue Sichtweisen eröffnen. Schon in dieser kurzen Unterrichtsphase wird deutlich werden, wie sehr die Wahrnehmung eines Bildes und des damit verbundenen Textes durch eine solch intensive und an Vorkenntnissen reiche Betrachtung geschärft werden kann. Beim wiederholten Einsatz derartiger Bild-Text-Bezüge wird sich dieser Effekt verstärken.

4. Kreative Aufgabe: Der Entwurf einer Illustration zu der in Unterrichtsschritt 5.2 thematisierten *Schimmelreiter*-Szene dient der Rückbindung an den Text und der Vertiefung bzw. Anwendung der Erkenntnisse aus den Arbeitsaufträgen 1–3. Die Bearbeitung erfolgt als Hausaufgabe.

Alternativen. Auch andere ästhetische Zugänge zu Goethes Ballade sind möglich: Franz Schubert schuf 1815 eine Vertonung der Ballade, die im Netz kostenlos abrufbar ist. Es sei an dieser Stelle auch darauf verwiesen, dass sie der Lerngruppe eventuell durch eine zeitgenössische musikalische Adaption bekannt ist, und zwar durch den Titel *Dalai Lama* der deutschen Band Rammstein.

Hausaufgabe fakultativ

EA

Als Hausaufgabe bekommt die Lerngruppe einen kreativen Arbeitsauftrag, der eine Illustration zum Ausritt von Hauke und Wienke zum Meer (*Schimmelreiter*, Reclam XL, 115,23–117,19) sowie eine Reflexion zu den Aspekten der Gestaltung zum Inhalt hat (Gründe für die räumliche Anordnung, die Farbgebung sowie andere Details in der Ausführung; ARBEITSBLATTS 5b, Arbeitsauftrag 4).

ARBEITSBLATT 5b ➤ S. 59

ARBEITSBLATT 5a

Johann Wolfgang Goethe
Erlkönig

Wer reitet so spät durch Nacht und Wind?
Es ist der Vater mit seinem Kind.
Er hat den Knaben wohl in dem Arm
Er fasst ihn sicher, er hält ihn warm.

Mein Sohn, was birgst du so bang dein Gesicht? –
Siehst, Vater, du den Erlkönig nicht?
Den Erlenkönig mit Kron' und Schweif? –
Mein Sohn es ist ein Nebelstreif. –

Du liebes Kind, komm' geh' mit mir,
Gar schöne Spiele spiel' ich mit dir,
Manch' bunte Blumen sind an dem Strand,
Meine Mutter hat manch' gülden Gewand. –

Mein Vater, mein Vater und hörest du nicht
Was Erlenkönig mir leise verspricht? –
Sei ruhig, bleibe ruhig Kind,
In dürren Blättern säuselt der Wind. –

Willst, feiner Knabe du mit mir gehn?
Meine Töchter sollen dich warten schön,
Meine Töchter führen den nächtlichen Reihn
Und wiegen und tanzen und singen dich ein. –

Mein Vater, mein Vater und siehst du nicht dort
Erlkönigs Töchter am düstern Ort? –
Mein Sohn, mein Sohn ich seh es genau,
Es scheinen die alten Weiden so grau. –

Ich liebe dich, mich reizt deine schöne Gestalt,
Und bist du nicht willig, so brauch' ich Gewalt! –
Mein Vater, mein Vater jetzt fasst er mich an!
Erlkönig hat mir ein Leids getan.

Dem Vater grauset's, er reitet geschwind,
Er hält in Armen das ächzende Kind,
Erreicht den Hof mit Müh und Not;
In seinen Armen das Kind war tot.

Johann Wolfgang Goethe: Gedichte. Studienausgabe. Hrsg. von Bernd Witte. Stuttgart 2008 [u. ö]. S. 124 f. [Behutsam modernisiert, Titel ergänzt.]

Arbeitsauftrag:
Arbeiten Sie Gemeinsamkeiten und Unterschiede zwischen Goethes Ballade *Erlkönig* und der entsprechenden Textstelle in Storms *Schimmelreiter*, S. 115, Z. 23 – S. 117, Z. 19, heraus. Achten Sie dabei insbesondere auf folgende Aspekte:

1. Was nimmt das Kind jeweils wahr? Worauf beziehen sich seine Ängste?
2. Wie reagiert jeweils der Vater auf die Ängste des Kindes? Welche Argumente ziehen die beiden heran, um die Kinder zu beruhigen?
3. Was könnte der Grund dafür sein, dass Theodor Storm sich an dieser Stelle so deutlich auf Goethes Ballade bezieht?

*4. Welchen Grund könnte es haben, dass Theodor Storm seinem Hauke Haien eine Tochter ›erschrieben‹ hat und keinen Sohn?

Moritz von Schwind
Der Erlkönig

Moritz von Schwind: *Der Erlkönig*, um 1830, Belvedere, Wien, Inv.-Nr. 615. –

Arbeitsaufträge:

Beantworten Sie bitte in Betrachtung des Bildes von Moritz von Schwind folgende Fragen:

1. Mit welchen visuellen Attributen wird die Figur des Vaters hier versehen und wie geschieht das im Text?
2. Wie wirkt die räumliche Anordnung der Figuren auf Sie? Entspricht dies aus Ihrer Perspektive betrachtet dem Eindruck, den der Text vermittelt?
3. Suchen Sie im Internet nach weiteren *Erlkönig*-Illustrationen. Auch Moritz von Schwind hat sich mehrfach an diesem Sujet versucht. Welche Unterschiede in den Darstellungen fallen Ihnen auf?
4. Welche Elemente sollte Ihrer Meinung nach eine Illustration beinhalten, die den Ausritt von Hauke und Wienke zum Meer im *Schimmelreiter* verbildlicht (S. 115, Z. 23 – S. 117, Z. 19)? Bedenken Sie dabei, dass eine Illustration nicht unbedingt den Vorgaben des Textes folgen muss.
   Fertigen Sie eine Skizze dieses Bildes in Grundzügen an und notieren Sie stichwortartig oder in Form einer Mind Map die Gründe für die räumliche Anordnung und die Farbgebung sowie andere Details in der Ausführung.

6 Spuk und Aberglaube: Unheimliche Elemente der Novelle betrachten und ihre Funktion im Gesamtzusammenhang erkennen

Sachanalyse

Der Autor des *Schimmelreiters*, Theodor Storm, hatte eine Schwäche für Geschichten über Spuk und Gespenstisches, ja er bezeichnete »sein Nordfriesland« sogar als »Heimat des zweiten Gesichts«.[1] *Der Schimmelreiter*, ein Text, den Storm erst kurz vor seinem Tod fertigstellen konnte, ist reich an Motiven des Unheimlichen, die in der Gestalt des titelgebenden »Geisterreiters« kulminieren. Von besonderem ästhetischen Interesse sind dabei nicht nur der Topos des »Wiedergängers«, der stets einen engen Bezug zur Erinnerungskultur aufweist, die in der jeweiligen Erzählung meist implizit beschrieben, häufig auch kritisch betrachtet wird, sondern auch Phänomene des Alltäglichen. Das Unheimliche sei, so lehrt uns die bis heute äußerst wirkmächtig gebliebene und an Ernst Jentsch und Schelling geschulte Definition Sigmund Freuds, etwas eigentlich Bekanntes, das aus guten Gründen verdrängt worden sei. So sei »heimlich« ein Wort, »das seine Bedeutung nach einer Ambivalenz hin entwickelt, bis es endlich mit seinem Gegensatz unheimlich zusammenfällt. Unheimlich ist irgendwie eine Art von heimlich.«[2] Was wir als unheimlich empfinden, ist also in der Regel keineswegs völlig neu und andersartig, es weckt vielmehr die Erinnerung an etwas Altbekanntes. Dieser Vorgang lässt sich wieder in das Bild des Gespenstes oder gespenstischen Reiters übersetzen, das aus der Vergangenheit kommt und Einfluss auf eine Gegenwart nimmt, die über derlei »Spukgeschichten« schon längst erhaben zu sein glaubt. Die Substanz des ›substanzlosen‹ Wesens, das uns erschreckt und unsere Aufmerksamkeit auf etwas lenkt, das wir eigentlich lieber vergessen hätten, ist also die Erinnerung, die sich entweder als ein individueller oder als ein kollektiver Prozess denken lässt. Wenn Hauke Haien, der prototypische Vertreter eines aufgeklärten, von humanistischen Idealen geprägten Denkens, selbst zum ›Gespenst‹ wird, so mag das als eine Metapher dafür gelten, dass der in der Novelle von ihm selbst immer wieder diskreditierte »Altweiberglaube« (77,28 f.) mit all seinen irrationalen und stereotypen Anteilen auch aus einer am Vernunftideal orientierten Gesellschaft nicht völlig wegzudenken ist. Irgendwo in uns existiert der Wunsch nach einer Hinwendung zum Unwahrscheinlichen und Unerklärbaren, nicht zuletzt wohl deshalb, weil wir alle sterblich sind und damit dem Nicht-Verstehbaren par excellence in letzter Konsequenz ausgeliefert sein werden. Über die dichotomen Unterscheidungen Vernunft/(Aber-)Glaube; Festes (Deich) / Flüssiges (Meer); Mann/Frau; Leben/Tod gelangt man schließlich zur Vorstellung vom *Schimmelreiter* als einer Erzählung, die sich mit diesen Grenzen in ihrer Hauptmotivik und auch in sämtlichen Nebensträngen der Handlung beschäftigt. Gerade ein Erzählen, das sich an den Maximen des Realismus orientiert, muss dabei seine eigenen Bedingungen ständig in Frage stellen, das eigene Sprechen muss ihm unheimlich werden, kommt es doch so überdeutlich ›von wo anders her‹. Durch die Miteinbeziehung verschiedener Stoffe und Topoi, noch dazu solcher, die aus der mündlichen Erzähltradition kommen, wird dieser unheimliche Effekt des nur vermeintlich ›eigenen‹ Erzählens noch verstärkt. Die Verlagerung der Geschichte auf drei Erzählebenen, die alle von unterschiedlichen, teils wenig bekannten, teils dubios wirkenden Instanzen vermittelt werden, weist den Vorgang der Weitervermittlung schließlich als gänzlich unkontrollierbar und gespenstisch aus. Nicht zuletzt ist gerade die Lektüre des *Schimmelreiters* im schulischen Kontext ein ›unheimlicher‹ Vorgang, nämlich im Sinne des kanadischen Autors Bill Readings, der zu Recht fragt, wo das, was ich lehre, eigentlich herkommt und welche »Stimmen« aus mir sprechen, wenn ich »mein« Wissen weitergebe.[3]

Das Unheimliche ist dem *Schimmelreiter* auf allen Ebenen, selbst noch auf der seiner Gattungszuordnung, eingeschrieben, worauf die Schriftstellerin Ulrike Draesner in ihren Frankfurter Poetikvorlesungen hinweist: Die Novelle selbst sei »Zeichen und Ausdruck eines Übergangs«, »die Gattung der Gespenster par excellence«, weil die unerhörte Begebenheit, von der sie berichtet, in der Vergangenheit wohnt, aber in die erzählte Gegenwart ebenso hineinwirkt wie in jene der Leserinnen und Leser.[4] Folglich lässt sich das Unheimliche als *die* zentrale Kategorie der Erzählung lesen.

1 Jochen Missfeldt, *Du graue Stadt am Meer. Der Dichter Theodor Storm in seinem Jahrhundert*, München 2013, S. 398.
2 Sigmund Freud, *Das Unheimliche*, hrsg. von Oliver Jahraus, Stuttgart 2020, S. 15.
3 Vgl. Bill Readings, *The University in Ruins*, Harvard [2]1997, S. 170 f.
4 Ulrike Draesner, *Grammatik der Gespenster. Frankfurter Poetikvorlesungen*, Stuttgart 2018, S. 15.

Unterrichtsverlauf

Überblick. In dieser Stunde geht es um eine zentrale, für die Altersgruppe erfahrungsgemäß besonders interessante Dimension dieser Novelle: das Unheimliche. Nach einer Begriffsdefinition werden verschiedene Aspekte des Unheimlichen textnah erschlossen. Fakultativ können Besonderheiten der Textsorte Novelle in den Blick genommen und deren besondere Verbindung zum Unheimlichen erarbeitet werden. Abschließend geht es um die Rezeption althergebrachter Motive des Unheimlichen, wobei intertextuelle und intermediale Bezüge vorgegeben werden. ! Verkürzter Verlauf: 6.1 – 6.3

Phase	Thema	Sozialform	Kompetenzen und Lernziele	Materialien
Voraussetzungen: Lektüre des kompletten Primärtextes				
6.1	Was bedeutet eigentlich »unheimlich«?	GA / SV / UG	• Einen Begriff anhand von Sekundärliteratur erschließen können • Unterschiedliche Bedeutungsdimensionen des Begriffs kennen lernen	ARBEITSBLATT 6a ➤ S. 69–72 Internetzugang
6.2 **fakultativ**	Die Novelle als »unheimliche« literarische Gattung	EA / UG	• Den Begriff der literarischen Gattung anhand eines Beispiels verstehen und kritisch wahrnehmen lernen • Das Schaffen und Rezipieren von Literatur als einen ›unheimlichen‹ Prozess begreifen	ARBEITSBLATT 6b ➤ S. 73 ARBEITSBLATT 6c ➤ S. 74 f. TAFELBILD 6a ➤ S. 65 TAFELBILD 6b ➤ S. 66
6.3	Gespensterreiter, Wasserweiber, prophetische Erscheinungen – Motive des Unheimlichen im *Schimmelreiter*	PA	• Intertextuelle und intermediale Bezüge herstellen können • Das Unheimliche als eine Kategorie des Erinnerns begreifen • Individuelle Zugänge zur Novelle und zur Thematik des Unheimlichen finden	ARBEITSBLATT 6d ➤ S. 76 f. ARBEITSBLATT 6e ➤ S. 78–80
HA **fakultativ**	Arbeitsauftrag 3 auf ARBEITSBLATT 6c			ARBEITSBLATT 6c ➤ S. 74 f.

Hinweis. Diese Doppelstunde kann kompakt unterrichtet werden, bietet aber genügend Stoff für eine Verteilung über mehrere Stunden. Das gilt insbesondere, wenn der fakultative Unterrichtsschritt 6.2 realisiert werden soll, aber auch die Gruppenarbeit in Schritt 6.1 und die arbeitsteilige Partnerarbeit in 6.3 können je eine Doppelstunde für sich einnehmen.

6.1 Was bedeutet eigentlich »unheimlich«?

GA / SV / UG

ARBEITSBLATT 6a ➤ S. 69–72 Internetzugang

Unterrichtsschritt. Die Schülerinnen und Schüler bearbeiten in (Klein-)Gruppen die jeweiligen Arbeitsaufträge auf ARBEITSBLATT 6a ***Was bedeutet »unheimlich«?***. Bei der Gruppeneinteilung sollten folgende binnendifferenzierende Aspekte beachtet werden: Die Arbeitsaufträge der Gruppe 1 sind relativ leicht zu beantworten, Gruppe 2 hat insofern eine besondere Aufgabe zu erfüllen, als diese über den Bereich des Literarischen und Kulturwissenschaftlichen hinausführt zu philosophischen Fragestellungen. Die Lehrperson sollte hier eine Gruppe zusammenstellen, in der zumindest einige Mitglieder gut Englisch können (das betreffende Video ist nur in englischer Sprache abrufbar), und es ist ebenfalls ratsam, in Gruppe 2 Schülerinnen und Schüler zu versammeln, die gerne im logisch-abstrakten Bereich arbeiten. Erfahrungsgemäß arbeiten Schülerinnen und Schüler, die ein besonderes Interesse für Physik und Mathematik und/oder Philosophie aufweisen, in dieser Gruppe besonders engagiert. In Gruppe 3 werden Schülerinnen und Schüler ihr Potenzial entfalten können, die über gute visuelle Fähigkeiten verfügen (das sind oft auch Lernerinnen und Lerner, die gerne Videospiele konsumieren) oder über ein besonderes Interesse für bildende Kunst verfügen. Während der Gruppenarbeitsphase soll die Lehrperson stets präsent sein und wenn notwendig helfend eingreifen.

Haben die Gruppen die Aufträge vollständig ausgeführt oder sind bei deren Bearbeitung auf unüberwindliche Hürden gestoßen, werden die Ergebnisse im Plenum besprochen. Die Grundlagentexte werden nun an alle Schülerinnen und Schüler verteilt und von den jeweiligen Gruppen anhand der beantworteten Leitfragen in Schülervorträgen vorgestellt. Konnten einzelne Fragen nicht beantwortet werden, unternimmt die Klasse mit der Lehrperson gemeinsam den Versuch, diese zu klären.

Erläuterungen. Das »Unheimliche« scheint eine Kategorie zu sein, von der sich die meisten jungen Menschen stark angezogen fühlen. In aktuellen Filmen und Serien sind unheimliche Gestalten und Phänomene fast omnipräsent, dennoch gibt es von jeher erstaunlich wenig Sekundärliteratur zu diesem Thema, die wissenschaftlichen Definitionsversuche halten sich in überschaubaren Grenzen, sind zum Teil jedoch anspruchsvoll. Dennoch bietet sich in diesem Zusammenhang eine sehr gute Gelegenheit, die Schülerinnen und Schüler an den eigenständigen Umgang mit Materialien, die für das vertiefende Verständnis eines Themas genutzt werden können, heranzuführen und ihnen auch die Möglichkeit zu verschaffen, diese selbstständig zu verstehen und zu kommentieren. Der vorliegende Unterrichtsschritt stellt für die Lerngruppe aller Wahrscheinlichkeit nach eine Herausforderung dar und soll deshalb von der Lehrperson besonders sensibel und unterstützend begleitet werden. Der eigenständige Umgang mit der Sekundärliteratur und anderen medialen Bezugspunkten ist der erste und wesentliche Schritt in die »wissenschaftliche Mündigkeit« und als solcher von essenzieller Bedeutung, in Zusammenhang mit einigen gängigen Theorien des Unheimlichen ist er für die Schülerinnen und Schüler nicht nur leistbar, sondern wird meist auch als spannend erlebt.

Zu einzelnen Arbeitsaufträgen auf ARBEITSBLATT 6a, zu denen nicht nur rein individuelle Lösungen erarbeitet werden:

Gruppe 1:

1. Ernst Jentsch hat das Unheimliche vom Unvertrauten und Neuartigen abgeleitet, er geht also davon aus, dass alles Fremde und (noch) Unbekannte uns tendenziell unheimlich erscheint. Freud unternimmt Anstrengungen, diese Definition zu überschreiten, indem er sich v.a. die Etymologie des Begriffs näher ansieht, und er weitet Jentschs Begriff aus, indem er darauf hinweist, dass das Unheimliche eine ambivalente Beziehung zum Begriff des »Heimlichen« unterhält. Das bedeutet, dass das Unheimliche uns (phylo-, oder ontogenetisch) früher durchaus einmal bekannt war, dass wir es aber verdrängt haben. Das Unheimliche wäre dann in diesem Sinne entweder etwas gänzlich Neues, das unser Misstrauen weckt, oder aber etwas Altvertrautes, das im Verborgenen hätte bleiben sollen und doch (wieder) hervorgetreten ist.

2. Dieser Zusammenhang erschließt sich dadurch, dass das »Unheimliche« als etwas von früher her Vertrautes den Begriff des »Heimlichen« im Sinne des ›Eigenen, Zugehörigen, Heimischen‹ umfasst. Das, was wir also in der unheimlichen Begegnung als etwas ganz und gar ›Anderes‹ und mitunter sogar widerwärtig ›Fremdes‹ empfinden, ist dieser Neudefinition Freuds zufolge zutiefst mit uns verbunden – wir haben es eben nur bewusst vergessen, d.h. verdrängt. Ein gutes Beispiel dafür ist der eigene Tod: Wenn wir auf einem Friedhof plötzlich einem Grabstein gegenüberstünden, auf dem unser eigener Name zu lesen wäre, empfänden wir das als unheimlich. Dabei wissen wir im Grunde ganz genau, dass wir alle sterblich sind. Dieses Wissen müssen wir aber verdrängen, um unseren Alltag meistern zu können. Werden wir unerwartet auf das Faktum unserer Sterblichkeit gestoßen, berührt uns das daher in unheimlicher Weise.

3. Hier können zahlreiche verschiedene Beispiele genannt werden. Eines davon wäre, dass in berühmten literarischen Geschichten das Unheimliche oft durch eine vergangene Schandtat und die unauslöschliche Erinnerung daran in Erscheinung tritt. Besonders klar tritt dieser komplexe Zusammenhang in Edgar Allan Poes Kurzgeschichte »Das verräterische Herz« hervor. Der Protagonist tötet einen alten Mann, weil ihn ein Detail an dessen Äußerem an das Tierische im Menschen erinnert. Ohne sich dessen bewusst zu sein, löst diese Idiosynkrasie einen so großen Hass in ihm aus, dass er einen Mord begeht (d.h., die verdrängte Erinnerung an die kreatürliche Herkunft des Menschen berührt den Protagonisten stark und steigert sich zum Wahn, diesen ›Auslöser‹ des Unheimlichen und damit die Erinnerung selbst auslöschen zu wollen). Die schreckliche Tat bleibt aber ebenfalls nicht dort, wo sie hinsoll, also unter den Dielenbrettern und im Unbewussten des Täters verscharrt, sondern macht sich auf unheimliche Weise bemerkbar.

Gruppe 2:

1. In diesem Experiment geht es hauptsächlich um die Frage, ob wir alle nicht ebenso gut Gehirne ohne Körper und reale Umgebung sein könnten, die so manipuliert werden, dass sie Nervenreize empfangen, die eine Umwelt und sämtliche in ihr stattfindenden Ereignisse lediglich vorgaukeln. Hilary Putnam hat diese Vorstellung ernst genommen und konsequent weitergedacht. So ist er zu der Frage gelangt, was gegeben sein müsste, um uns alle einfach nur Gehirne sein zu lassen, denen von Wissenschaftlerinnen und Wissenschaftlern (oder einer anderen Steuerungsinstanz) die Illusion, sie führten ein reales körperliches Leben, ›einprogrammiert‹ wurde. Obwohl Putnam sich anfangs sicher war, dass es Beweise geben müsse, die zeigen, dass wir keine »brains in a vat« sind, hat er solche in dem Gedankenexperiment nicht finden können. Davon ausgehend, könnten wir also theoretisch alle »Gehirne im Tank« sein, denen ihr Leben einfach vorgegaukelt wird und die in diesem Sinne auch keine freien Entscheidungen treffen können.

2. Auf diese Fragen gibt es zahlreiche unterschiedliche Antworten; die angeführten Leitfragen weisen den Weg in die Richtungen, die bisher in den Wissenschaften hauptsächlich als Faktoren der ›Unheimlichkeit‹ dieser Vorstellung benannt wurden. Selbstverständlich lassen sich hier aber auch zahlreiche andere Begründungen denken.

3. Dieses Experiment ist erfahrungsgemäß ohnehin schon sehr nah an der Vorstellungswelt der Schülerinnen und Schüler, zumal dann, wenn diese Science-Fiction-Filme, dystopische Literatur o. Ä. rezipieren. Diese Frage soll dennoch eine vertiefte Auseinandersetzung mit der Frage der (genetischen, neuronalen etc.) Manipulierbarkeit ermöglichen, die sich dann auch gewiss in Form einer Diskussion gut ins Plenum überführen ließe.

Gruppe 3:

3. Wie auf Nr. 1 und 2 gibt es auch auf diese Frage keine erschöpfenden Antworten, allerdings lassen sich folgende Punkte festhalten:

- Der Lichteinfall von oben »erhellt« die Szene. Würde man die Lichtquelle(n) reduzieren, gäbe es noch mehr dunkle Stellen auf der Fotografie, was den Eindruck des Unheimlichen steigern würde.
- Das Bild zeichnet sich vor allem dadurch aus, dass es einige Attribute enthält, die wir mit unheimlichen Orten verbinden (verfallen, unbewohnt, dem Eindruck nach abgelegen, dennoch Spuren menschlichen Einflusses etc.). Dieser Eindruck ist übrigens kulturell geprägt und wird vor allem von stereotypen Bildern gespeist, die wir aus Kriminal- oder Horrorfilmen, aus Videospielen, Comics etc. kennen. Bei genauer Betrachtung lässt sich erkennen, dass nichts auf dem Foto auf einen unheimlichen Vorgang hindeutet, der hier stattgefunden hätte. Es sind also vielmehr die Assoziationen und Leerstellen (ist dieser Sessel für jemanden hier bereitgestellt worden? Von wem und für wen? Lauert hinter diesen zahlreichen dunklen Ecken jemand oder etwas? Welche Geschichte hat dieser Ort zu erzählen?), die auf die Rezipientinnen und Rezipienten einen unheimlichen Eindruck machen (können). Würde auf dem Sessel ein blutiges Messer liegen oder von der Decke eine Schlinge baumeln, würde sich der Eindruck des Unheimlichen massiv verstärken, allerdings wäre zu hinterfragen, ob eine solche Verstärkung das Bild insgesamt interessanter oder langweiliger (weil weniger interpretationsoffen) wirken ließe.

4. Es wäre vorstellbar, dass dieser Raum als Kulisse einer modernen Inszenierung des *Schimmelreiter*-Stoffes dient. Sollte die Gruppe zu dieser Frage zunächst keine Ideen entwickeln, kann die Lehrperson diesen Impuls geben. Die Lerngruppe könnte die Szene, die sich an diesem Ort abspielt, dann auch ein wenig ausgestalten, u. U. auch in Form eines Dramentextes, also mit Regieanweisungen etc. Weiterhin könnte man sich eine Neuinszenierung des *Schimmelreiters* vor einer solchen Kulisse auch in filmischer Form vorstellen, ebenso könnte es ein Raum in einem Computerspiel sein. Wichtig ist, dass die Schülerinnen und Schüler an dieser Stelle darüber nachdenken, inwiefern sich Raum und Geschichte miteinander verbinden und ein Gespür dafür entwickeln, dass Ort und Erzählung untrennbar miteinander verbunden sind.

5. An dieser Stelle sind eine Menge individuell sehr unterschiedlicher Antworten denkbar, wobei die Heterogenität bereits in der unterschiedlichen Wahrnehmung des Unheimlichen zutage treten wird (manche Gruppenmitglieder werden das Unheimliche mitunter genießen können, andere werden diese Wahrnehmung womöglich gar nicht nachvollziehen können). Bereits diese individuell unterschiedlichen Bewertungen des Themas zeigen die Vielfalt an Zugängen zu Literatur und Kunst und machen implizit (oder, wenn von der Lehrperson gewünscht, auch explizit) deutlich, dass man die Art und Weise der Rezeption produktionsseitig nur bedingt steuern kann. Von Jentsch und Freud ausgehend, könnte man den »Genuss« an der Begegnung mit dem Unheimlichen auch damit erklären, dass wir via Kunst und Literatur das gänzlich Neuartige bzw. Verdrängte auf eine distanzierte und damit relativ ungefährliche Weise »beobachten« und bedenken können.

Mit dieser abschließenden Aufgabenstellung wird die Fähigkeit der Lerngruppe gefördert, selbständig erarbeitetes Wissen zu strukturieren und für andere aufzubereiten.

6.2 Die Novelle als »unheimliche« literarische Textsorte (fakultativ)

EA / UG

ARBEITSBLATT 6b ➤ S. 73
ARBEITSBLATT 6c ➤ S. 74 f.
TAFELBILD 6a ➤ S. 65
TAFELBILD 6b ➤ S. 66

Unterrichtsschritt. Die Schülerinnen und Schüler erhalten mit ARBEITSBLATT 6b ***Novellendefinition 1: Volker Meid, »Sachwörterbuch zur deutschen Literatur«*** einen Auszug aus einem Literaturlexikon und somit eine klassische Beschreibung der Textsorte Novelle. Anhand der unterhalb dieser Definition formulierten Leitfragen sollen sich die Schülerinnen und Schüler nun in Einzelarbeit mit dem Eintrag beschäftigen und für sich herausarbeiten, was die Spezifika einer Novelle sind. Die Ergebnisse des anschließenden Unterrichtsgesprächs können im TAFELBILD 6a festgehalten werden.

Danach werden auf ARBEITSBLATT 6c ***Novellendefinition 2: Ulrike Draesner, »Grammatik der Gespenster«*** Auszüge aus der Frankfurter Poetikvorlesung von Ulrike Draesner (vor)gelesen, die die Begriffe der Novelle und des Unheimlichen engführen. Die Arbeitsaufträge zu Zitat 1 und 2 werden im Plenum erarbeitet und im TAFELBILD 6b gesichert. (Das Zitat 3 wird schwerpunktmäßig als Hausaufgabe in schriftlicher Form bearbeitet.)

Erläuterungen. Einerseits soll die Bezeichnung »Novelle« in ihrer Allgemeingültigkeit erfasst, andererseits in Bezug auf den vorliegenden Text im Detail erarbeitet werden. Dabei steht nicht das literaturwissenschaftlich ohnehin längst in die Kritik geratene Modell der Textsortenzuordnung im Vordergrund, sondern die Fokussierung der althergebrachten Sage, die im *Schimmelreiter* in ihren Bezügen zu einem aktuellen Geschehen erfasst wird. Als theoretischer Bezugspunkt eignen sich die Überlegungen der Schriftstellerin und Literaturtheoretikerin Ulrike Draesner, da sie die Novelle auch als die Gattung des Unheimlichen begreift. In ihrem Beitrag zu den *Frankfurter Poetikvorlesungen* denkt sie anhand konkreter literarischer Textbeispiele über die Bedeutsamkeit literarischer Zuordnungen nach. Sie kommt dabei bereits im ersten Kapitel auf die Novelle zu sprechen, die »die Gattung der Gespenster« par excellence sei. In Anbetracht der Aufmerksamkeit, die Theodor Storm ganz offensichtlich seinem Erzählarrangement und dessen (verschachteltem) Aufbau schenkte, ist anzunehmen, dass er sich für die Zuordnung zu dieser – ohnehin sehr frei gestaltbaren – literarischen Kategorie sehr bewusst entschieden hat. Für die meisten nicht professionellen Leserinnen und Leser ist der Gedanke an eine ›unheimliche Gattung‹ wohl intuitiv nur schwer nachvollziehbar. Durch die Vorarbeiten zum Begriff des »Unheimlichen«, die in Unterrichtsschritt 6.1 geleistet wurden, hat sich die Lerngruppe bereits ein komplexes Verständnis des Begriffs angeeignet, wodurch eine gesteuerte Auseinandersetzung mit der Kategorie nun im Plenum möglich ist.

Im Einzelnen zu den Draesner-Zitaten auf ARBEITSBLATT 6c:

Zu Zitat 1: Ulrike Draesner weist auf die Vielfalt an »Grenzen« hin, die wir in einem literarischen Text auffinden können. Es wird der Lerngruppe vermutlich auffallen, dass die *zeitlich* definierte Grenze zwischen ›früher‹ und ›heute‹ im *Schimmelreiter* eine entscheidende Rolle spielt. Darüber hinaus ist die *räumliche* Grenze zwischen ›Land‹ und ›Meer‹ von entscheidender Bedeutung, denn diese zu »sichern« ist das zentrale Bestreben des Deichgrafen, und auch die Ängste der Dorfbewohnerinnen und Dorfbewohner kreisen um diese reale wie symbolische Markierung. *Symbolisch* ist diese Grenze auch mit dem ›Festen‹ und ›Flüssigen‹, damit in weiterer Folge mit ›männlich‹ und ›weiblich‹ verbunden. Soziale Grenzen, die der Protagonist überschreitet, sind für die Novelle ebenso bedeutsam wie die *Grenzen des Erzählens* (Wahrheit/Fiktion; kann man eine Begebenheit überhaupt jemals so erzählen, wie sie stattgefunden hat?). Sollte noch Zeit bleiben, wäre es ein lohnendes Unterfangen, gemeinsam mit der gesamten Lerngruppe zu hinterfragen, welche Figuren Grenzen überschreiten und welche innerhalb der (selbstgesetzten) Grenzen bleiben. Als Hintergrund einer solchen Analyse würde sich die entsprechende Theorie von Jurij M. Lotman anbieten (vgl. Jurij M. Lotman, *Die Struktur literarischer Texte*, München 1972, S. 327 ff.).

Zu Zitat 2: Das Reale umschließt den Text von zwei Seiten her: Einerseits ist die Lebensgeschichte von Hauke Haien eine, die zu dieser Zeit durchaus genau so hätte vorkommen können. So hat der Autor zahlreiche Elemente in die Geschichte eingewoben, die aus der Wirklichkeit stammen: Storm hat alle technischen Details des Deichbaus akribisch recherchiert, und auch die Beschreibung der Natur und der Topografie entsprechen den Gegebenheiten. Andererseits, auf einer anderen Ebene, verbindet auch die Tatsache, dass der Protagonist ein historisch verbürgtes Vorbild hatte, sowie die in Storms Umfeld allgemein bekannte Legende *Der gespenstige Reiter* Reales und Fiktives miteinander.

Die Novelle entspricht nicht den Kriterien des ›Phantastischen‹, wie sie etwa Tzvetan Todorov begründet hat. Alles, was die Figuren hier an ›unerhörten Begebenheiten‹ erleben, könnte auch ihrer Phantasie entsprungen sein oder auf Sinnestäuschungen beruhen. Dennoch werden diese Aspekte der Novelle in deren innerer Logik nicht abgewertet, eher ist das Gegenteil der Fall: die unerhörten Begebenheiten treiben die Handlung voran, sie beeinflussen die Lebensgeschichte mehrerer Figuren auf fundamentale Weise und haben damit auch aus erzähltechnischer Perspektive betrachtet einen hohen Stellenwert.

Zu Zitat 3 (Hausaufgabe): Gut vorstellbar ist, dass die Schülerinnen und Schüler die Legende vom Schimmelreiter und deren Einfluss auf Hauke Haien als den erzählerischen Kern der Geschichte betrachten. Es wäre aber auch möglich, der These Draesners zu widersprechen und zu argumentieren, dass die Persönlichkeit Hauke Haiens, die Grenzen, die er überschreitet, und jene, an die er stößt, das ›Ding‹ ersetzen, das in anderen Novellen einen so entscheidenden Platz einnimmt. Abgesehen von diesen beiden Varianten sind auch zahlreiche andere Lösungsmöglichkeiten denkbar.

TAFELBILD 6a

Die Novelle

Etymologie (= Herkunft der Bezeichnung): von lateinisch *novellus* ›kleine Neuigkeit‹

Literarische Form: meist Prosa, manchmal Versform; meist geschlossene Form mit einliniger Handlung

Struktur:

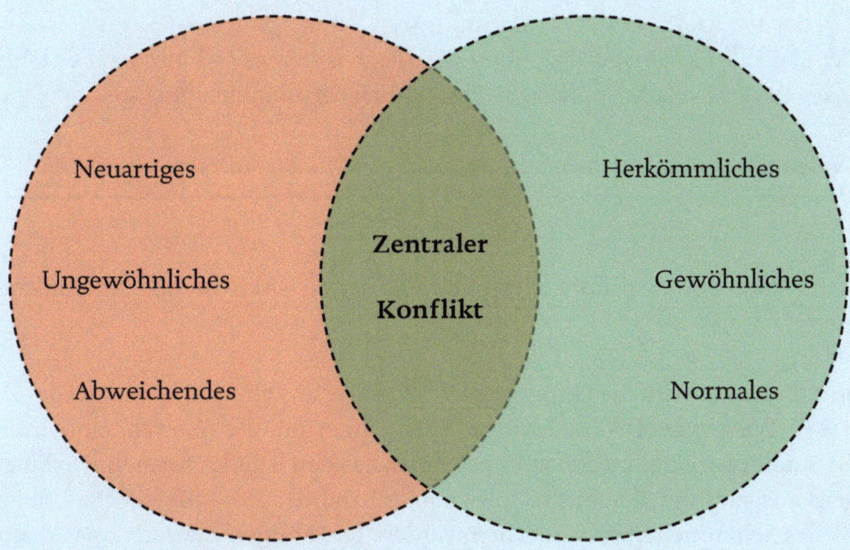

Häufig vorhanden: **sprachliches Leitmotiv / Dingsymbol**

Besonderheiten auf der Erzählebene:
- Vorausdeutungs- und Integrationstechniken (kunstvoller Aufbau)
- Verschränkung von Rahmen- und Binnenhandlung

Weitere Merkmale:
- Ausdrücklicher Realitätsbezug (anders als Märchen, Fabel, Sage)
- Tendenz zur geschlossenen Form (anders als Kurzgeschichte)
- Konzentration auf ein Ereignis und einen zentralen Konflikt

TAFELBILD 6b

Die Novelle als »Gattung der Gespenster«

Grenzen im Schimmelreiter:

Zeitlich	Damals	Heute
Räumlich	Land	Meer
Symbolisch	Fest (Land)	Flüssig (Meer)
	Männlich	Weiblich
Sozial	»Einfaches Volk«	Deichgraf
Erzählerisch	Wahrheit	Fiktion

Unerhörte Begebenheit / Dingsymbol:

- Wiederkehrendes Auftauchen des Schimmelreiters (Legende)

oder

- Hauke Haien und seine ambivalente Persönlichkeit

oder

- ?

Veränderung (aus der Perspektive Hauke Haiens):

Wahrnehmung der Legende als Aberglaube – Kauf des »Teufelspferdes« – Einbruch des Unheimlichen/Bedrohlichen in Haukes Realität – Katastrophe bzw. Bestätigung der »dunklen Vorahnung«

Innerpsychische Vorgänge bleiben weitgehend verborgen – Fokus auf äußerem Geschehen

6.3 Gespensterreiter, Wasserweiber, prophetische Erscheinungen – Motive des Unheimlichen im *Schimmelreiter*

PA

ARBEITSBLATT 6d
➤ S. 76 f.
ARBEITSBLATT 6e
➤ S. 78–80

Unterrichtsschritt. Zunächst wird die Lerngruppe in Zweierteams eingeteilt. Ein Teil der Zweiergruppen erhält ARBEITSBLATT 6d ***›Wiedergänger‹-Erzählungen***. Hier geht es um die Auswahl einer unheimlichen Erzählung aus der gesamten Breite des medialen Repertoires, das den Schülerinnen und Schülern zur Verfügung steht. Die jeweils ausgewählte Geschichte soll dann anhand der auf ARBEITSBLATT 6d abgedruckten Tabelle mit der Motivik des Schimmelreiters verglichen werden. Die übrigen Zweierteams erhalten ARBEITSBLATT 6e ***Unheimliche Motive*** und werden gebeten, einen (!) der Arbeitsaufträge zu beantworten.

Die Lehrperson kann die Einteilung der Zweiergruppen und Zuordnung der Arbeitsaufträge je nach Fähigkeiten und Interessenslagen innerhalb der Lerngruppe individuell anpassen. Den Zweierteams stehen je 20 Minuten zur Verfügung, um ihre Arbeitsaufträge zu erledigen; danach erfolgt die Vorstellung der Ergebnisse im Rahmen 5-minütiger Kurzpräsentationen.

Erläuterungen. In diesem abschließenden Unterrichtsschritt soll einerseits deutlich werden, dass das Unheimliche im *Schimmelreiter* – der damit paradigmatisch für eine ganze Reihe anderer dem Unheimlichen verpflichteter Texte steht – nicht nur eng mit dem Irrationalen verknüpft ist, sondern auch mit einer ganz bestimmten Symbolik, die das Flüssige, das Weibliche und das Religiöse betrifft. Das bindet die auf ARBEITSBLATT 6d und auf ARBEITSBLATT 6e formulierten Aufgabenstellungen an die Thematik der Unterrichtsstunde zurück, wobei die Schülerinnen und Schüler hier zu einer individualisierten Beschäftigung mit der Thematik des Unheimlichen im Kontext des *Schimmelreiters* angeregt werden sollen. Dies sorgt für einen als erfolgreich erlebten Abschluss dieses Lektüreprojekts für alle Beteiligten und lässt die Lerngruppe noch einmal zu Wort kommen.

Auf literaturdidaktischer Ebene verfolgt dieser Unterrichtsschritt das Ziel, die Wahrnehmung der Lerngruppe dafür zu schärfen, dass auch zeitgenössisches mediales Erzählen in der Ausgestaltung von Figuren und Motivik häufig auf ältere Texte oder mündlich Überliefertes zurückgreift und damit »Gespensterumgang« im Sinne Ulrike Draesners betreibt. Diese Erfahrung erhöht die Aufmerksamkeit für intertextuelle Bezüge und verdeutlicht, dass Kunst und Literatur (auch) spezielle Ausdrucksformen unseres kollektiven Gedächtnisses sind. In diesem Kontext kann die auf den höheren Schulstufen intensivierte Beschäftigung mit älteren Texten für die Lerngruppe an persönlicher Bedeutsamkeit gewinnen.

Hinweise zu ARBEITSBLATT 6d : Mit dem Arbeitsauftrag erhält ein Teil der Schülerinnen und Schüler die Möglichkeit, eigenes Wissen und die Referenz auf mediale Vielfalt in den Unterricht einzubringen. Um die hier angelegten Möglichkeiten voll auszuschöpfen, soll die Lehrperson zu Beginn der Arbeitsphase darauf hinweisen, dass auch Geschichten, die in Filmen, Videospielen oder Comics erzählt werden, zum Vergleich herangezogen werden können. Schülerinnen und Schüler, die in der Freizeit derlei Rezeptionsformen bevorzugen und mit der anspruchsvollen Sprache der Novelle Schwierigkeiten hatten, werden in diesen Zweiergruppen ihren Interessen entsprechend gefördert und können hier abschließend einen positiv besetzten, individuellen Zugang zur Motivik des *Schimmelreiters* finden.

In der zeitgenössischen Populärkultur gibt es zahlreiche Bücher und Serien, die sich mit der hier erwähnten Thematik beschäftigen. Ab dem Erscheinen des ersten Bandes im Jahr 2005 wurde die *Twighlight*- bzw. *Bis(s)*-Tetralogie der Jugendbuchautorin Stephenie Meyer zum (mittlerweile auch verfilmten) Bestseller, der die Liebesgeschichte eines Menschenmädchens und eines Vampirjungens in den Mittelpunkt stellte und damit eine Grenzgeschichte par excellence erzählte. Bemerkenswert ist in diesem Zusammenhang allerdings, dass diese Serie reaktionäre Rollenmuster propagierte und damit einem ebenfalls bereits überholt geglaubten, ›wiedergängerischen‹ Gedankengut in Bezug auf die Genderdebatte das Wort redete. Dies mag nur als ein Beispiel dafür gelten, dass althergebrachte Legenden und bereits seit Jahrhunderten bekannte Motive des Unheimlichen/Gespenstischen bis heute rezipiert und in neue mediale Darstellungsformen überführt, sowie auch inhaltlich und in ihren Gesellschaftsbezügen neu definiert werden. Die Tabelle und deren Kategorien fördern eine genaue Wahrnehmung dieser Bezüge, wobei gleichzeitig immer noch gering geschätzte mediale Modi des Erzählens, wie sie etwa in Comics oder Videospielen zum Einsatz kommen, hier eine Aufwertung erfahren können.

Hinweise zu ARBEITSBLATT 6e : *Arbeitsauftrag 1* bedingt eine sehr stark gelenkte Auseinandersetzung mit der angegebenen Textstelle und ist insofern für Schülerinnen und Schüler zu empfehlen, die lieber anhand einer klaren Zielvorgabe als im Rahmen einer offenen Fragestellung arbeiten. In Auseinandersetzung mit Leitfrage a können die Zweierteams noch einmal auf das neu erworbene Wissen zurückgreifen und dieses mit einer zentralen Passage des *Schimmelreiter* in Bezug setzen. (Vgl. auch Swantje Ehlers, *Lektüreschlüssel XL. Theodor Storm: Der Schimmelreiter*, Stuttgart 2017, S. 86 ff.)

Arbeitsauftrag 2 zielt auf eine genaue sprachliche Beobachtung einer relativ kurzen Textpassage ab und mündet in eine kreative Aufgabenstellung ein. Ähnlich wie bei einer Analyse der Textisotopie (angelehnt an die Methodik Greimas') werden hier einzelne semantische Felder zunächst im Text erkannt und herausgearbeitet, die dann als Grundlage des eigenen Fabulierens dienen und dieses erleichtern. Lernerinnen und Lerner, die gerne analytisch vorgehen und genaue sprachliche Beobachtungen anstellen können, werden in dieser Arbeitsphase zu guten eigenen Geschichten und damit zu einem Erfolgserlebnis am Ende des Lektüre- und Interpretationsprozesses kommen.

Es ist wiederholt vom Teufel die Rede (86,2; 87,13; 87,19 und 87,24). Durch die Begriffe »Gebrüll« (86,11) und »Schrei« (86,12) werden Assoziationen von Brutalität und Grausamkeit geweckt, kurz darauf wird auch der Tod eines Tieres bildhaft heraufbeschworen (86,13 f.). Die verwendeten Begriffe wecken häufig die Assoziationen ›Sterben‹ und ›Tod‹, etwa an jenen Stellen, wo von »Knochen« (86,27) und vom Gerippe des Pferdes (86,21) die Rede ist. Die Textstelle enthält außerdem mehrere sprachliche Wendungen, die eine plötzliche, heftige Bewegung oder Veränderung andeuten (»sprang er mit einem jähen Satz zur Seite«, 85,31 f.; »Der Knecht drehte sich jäh zu ihm«, 87,1). Die Zäsur, die diese Szene für den Text bedeutet, wird durch diese Betonung eines plötzlich und in überwältigender Weise auftretenden, aber nicht näher bestimmbaren Neuen, das jedenfalls in Kontrast zur bisher herrschenden Wahrnehmungsweise der beiden Protagonisten dieser Szene steht, auch auf sprachlicher Ebene sichtbar.

Arbeitsauftrag 3 stößt einmal mehr einen intertextuellen Vergleich an, der nun allerdings die Wassermotivik und mit diesem geheimnisvollen Element verbundene alte Legenden fokussiert. Falls die Lerngruppe schon einmal zu Genderthemen gearbeitet hat, kann das als ein Wissen, auf das man in diesem Kontext Bezug nehmen kann, erwähnt werden. Mit oder ohne speziellem Vorwissen in diesem Bereich werden die Zweierteams hier zahlreiche Vergleichsmöglichkeiten mit dem *Schimmelreiter* vorfinden, wobei die Bedeutungsvielfalt der Novelle damit um eine weitere Dimension erweitert wird. Es tritt an dieser Stelle des Textes eine Symbolik in den Vordergrund, die das Flüssige (Wasser, Meer) mit dem Weiblichen (Frauen, die als Erzählerinnen auftreten; die Geschichte vom »Wasserweib«, 119,30) verbindet und auch die Sphäre des Religiösen miteinbezieht (das Auftreten von Plagen als Vorankündigung eines Unheils; das Teuflische, wie es z. B. auch in Hauke Haiens Schimmel repräsentiert ist).

Es sollen an dieser Stelle unterschiedliche Wahrnehmungen der Schülerinnen und Schüler zugelassen werden. Das weniger Offensichtliche kann von der Lehrperson ergänzt werden: In beiden Fällen treten die ›Wasserfrauen‹ hier nicht nur als Figuren im Text auf, ihre jeweilige Geschichte kann auch als eine Parabel auf die Vorgänge im Text selbst gelesen werden. In gewisser Weise handelt es sich in beiden Fällen um Metaerzählungen, das Schreiben einer Geschichte wird also im Schreiben selbst reflektiert. Konkret bedeutet das: Hauke Haien ist der Protagonist einer realistischen Geschichte, einer Erzählung, in der Ratio und Irrationales gegeneinander kämpfen. Das Beschreiben der Wirklichkeit bringt jedoch jedes fiktive Schreiben in Schwierigkeiten, ist doch gerade die Abkehr von der Wirklichkeit und das Erfinden von Zusammenhängen und Figurenkonstellationen, die so in der Realität nicht auftreten, konstitutiver Bestandteil der schriftstellerischen Tätigkeit. Das Wasserweib in der Geschichte von Trien' Jans droht an der Trennung von ihrem Element, dem unergründlichen Wasser, zu sterben. Ingeborg Bachmanns *Undine*-Erzählung lässt sich, wie die Autorin auch in einem Interview einmal hervorgehoben hat, ebenfalls auf einer Metaebene lesen. Die gewöhnliche Alltagssprache mit ihrer uniformierenden und kategorisierenden Macht, bedroht stets die Sprache des Dichtens, als deren Verkörperung man Undine begreifen kann.

Vergleichen ließe sich unter bestimmten Gesichtspunkten auch das Schicksal des Hauke Haien und jenes der Undine. Haiens (selbst definierter) Daseinszweck und sein Gefühl für die ›richtige Art zu leben‹, bringen ihn in Konflikt mit bestehenden gesellschaftlichen Regeln. Die Aggression, die im Text mehrfach anhand eindringlicher Szenen geschildert wird (vgl. die Tötung des Katers), resultiert aus dem Gefühl, in einer solchen Welt nicht überleben zu können, im übertragenen wie schließlich auch im wörtlichen Sinne. So betrachtet, gibt es gewisse Ähnlichkeiten zwischen Haien und den ›Wasserfrauen‹, sowohl jener, von der Trien' Jans berichtet, als auch zwischen ihm und Bachmanns *Undine*.

Es sollte den Schülerinnen und Schülern am Ende dieser Stunde klar geworden sein, dass auch zeitgenössische Texte und Filme in der Ausgestaltung ihrer Figuren und der Motivik auf ältere Texte oder mündlich Überliefertes zurückgreifen.

EA

Hausaufgabe (fakultativ)

ARBEITSBLATT 6c
➤ S. 74 f.

Schriftliche Bearbeitung des Arbeitsauftrags 3 auf ARBEITSBLATT 6c. (Die Hausaufgabe ist fakultativ und setzt den Unterrichtsschritt 6.2 voraus.)

Was bedeutet »unheimlich«?

Gruppe 1: Sigmund Freud über das Unheimliche

Den folgenden Text hat der berühmte Psychoanalytiker Sigmund Freud im Jahr 1919 verfasst. Er versucht darin der Bedeutung des Wortes »unheimlich« in die Tiefe nachzugehen, wobei er dabei auch Bezug auf andere Wissenschaftler nimmt, die bereits vor ihm versucht haben, diesen Begriff zu definieren: Ernst Jentsch, Psychiater, 1867–1919; Karl Gutzkow, Schriftsteller, 1811–1878; Daniel Sanders, Sprachforscher, 1819–1897; Friedrich Wilhelm Joseph Schelling, Philosoph, 1775–1854.

Sigmund Freud: *Das Unheimliche*

»Das deutsche Wort ›unheimlich‹ ist offenbar der Gegensatz zu heimlich, heimisch, vertraut, und der Schluß liegt nahe, es sei etwas eben darum schreckhaft, weil es n i c h t bekannt und vertraut ist. Natürlich ist aber nicht alles schreckhaft, was neu und nicht vertraut ist; die Beziehung ist nicht umkehrbar. Man kann nur sagen, was neuartig ist, wird leicht schreckhaft und unheimlich; einiges Neuartige ist schreckhaft, durchaus nicht alles. Zum Neuen und Nichtvertrauten muß erst etwas hinzukommen, was es zum Unheimlichen macht.

J e n t s c h ist im ganzen bei dieser Beziehung des Unheimlichen zum Neuartigen, Nichtvertrauten, stehen geblieben. Er findet die wesentliche Bedingung für das Zustandekommen des unheimlichen Gefühls in der intellektuellen Unsicherheit. Das Unheimliche wäre eigentlich immer etwas, worin man sich sozusagen nicht auskennt. Je besser ein Mensch in der Umwelt orientiert ist, desto weniger leicht wird er von den Dingen oder Vorfällen in ihr den Eindruck der Unheimlichkeit empfangen.

Wir haben es leicht zu urteilen, daß diese Kennzeichnung nicht erschöpfend ist, und versuchen darum, über die Gleichung unheimlich = nicht vertraut hinauszugehen. Wir wenden uns zunächst an andere Sprachen. Aber die Wörterbücher, in denen wir nachschlagen, sagen uns nichts Neues, vielleicht nur darum nicht, weil wir selbst Fremdsprachige sind. Ja, wir gewinnen den Eindruck, daß vielen Sprachen ein Wort für diese besondere Nuance des Schreckhaften abgeht. […]

Aus diesem langen Zitat [verschiedener Wörterbuchdefinitionen] ist für uns am interessantesten, daß das Wörtchen heimlich unter den mehrfachen Nuancen seiner Bedeutung auch eine zeigt, in der es mit seinem Gegensatz unheimlich zusammenfällt. Das heimliche wird dann zum unheimlichen; vgl. das Beispiel von G u t z k o w : ›Wir nennen das unheimlich, Sie nennen's heimlich.‹ Wir werden überhaupt daran gemahnt, daß dies Wort heimlich nicht eindeutig ist, sondern zwei Vorstellungskreisen zugehört, die, ohne gegensätzlich zu sein, einander doch recht fremd sind, dem des Vertrauten, Behaglichen und dem des Versteckten, Verborgengehaltenen. Unheimlich sei nur als Gegensatz zur ersten Bedeutung, nicht auch zur zweiten gebräuchlich. Wir erfahren bei S a n d e r s [Daniel S., deutscher Sprachforscher] nichts darüber, ob nicht doch eine genetische Beziehung zwischen diesen zwei Bedeutungen anzunehmen ist. Hingegen werden wir auf eine Bemerkung von S c h e l l i n g [Friedrich Wilhelm Joseph Sch., deutscher Philosoph] aufmerksam, die vom Inhalt des Begriffes Unheimlich etwas ganz Neues aussagt, auf das unsere Erwartung gewiß nicht eingestellt war. Unheimlich sei alles, was ein Geheimnis, im Verborgenen bleiben sollte und hervorgetreten ist.«

Sigmund Freud: Das Unheimliche. Hrsg. von Oliver Jahraus. Stuttgart: Reclam, 2020. S. 7 f., 13 f.

Arbeitsaufträge:

Lesen Sie den Textauszug durch und beantworten Sie folgende Fragen:

1. Sigmund Freud fasst in diesem Abschnitt zusammen, wie sein Kollege Ernst Jentsch den Begriff erklärt hat, und er gibt auch zu verstehen, dass diese Definition nicht ausreicht. Versuchen Sie Ihren Kolleginnen und Kollegen zu erklären, wie Ernst Jentsch den Begriff definiert hat und was Sigmund Freud daran kritisiert oder zumindest unzureichend findet.
2. Im letzten Absatz kommt Freud dann auf etwas zu sprechen, das ihn offensichtlich fasziniert: das Wort »unheimlich« scheint eine Beziehung zu den Worten »heimlich« und »heimisch, vertraut« aufzuweisen. Versuchen Sie Ihren Kolleginnen und Kollegen zu erklären, wie man sich diesen Zusammenhang vorstellen kann.
3. Was könnte der Satz bedeuten: »Unheimlich sei alles, was ein Geheimnis, im Verborgenen bleiben sollte und hervorgetreten ist«? Fällt Ihnen ein Beispiel dafür ein?

Gruppe 2: Hilary Putnams Gedankenexperiment »Gehirne im Tank«

Spätestens seit dem Beginn des 21. Jahrhunderts ist uns Menschen zunehmend klar geworden, dass Vieles, von dem wir angenommen haben, es wäre »völlig klar«, gar nicht so eindeutig ist, wie wir dachten. Da diese Erkenntnisse auch unseren eigenen Körper und unser Denken betreffen, leben wir, in gewisser Weise, in einem »unheimlichen« Jahrhundert. Unser Leben ist in vielerlei Hinsicht von künstlicher Intelligenz abhängig geworden, wir können sämtliche Arbeitsabläufe an Roboter delegieren und haben mittlerweile sogar Verfahren entwickelt, die Pflanzen, Tiere und sogar Menschen zumindest theoretisch genetisch manipulieren können. Wir haben auch gelernt unser Gehirn als eine Art Maschine wahrzunehmen, die viele unserer scheinbar freien Entscheidungen steuert. Ein Bild, das diese Unheimlichkeit und auch ihre Konsequenzen (Wofür bin ich dann noch verantwortlich? Wo verläuft die Grenze zwischen Mensch und Maschine?) besonders gut fasst, ist das Gedankenexperiment *Brain in a vat* (»Gehirn im Tank«), das Hilary Putnam bereits 1981 veröffentlicht hat, eigentlich um zu beweisen, dass wir eben nicht nur »Gehirne im Tank« sein können. Das folgende Video beschreibt eben dieses Gedankenexperiment und seine (möglichen) Konsequenzen.

YouTube-Video:
www.youtube.com/watch?v=zOosSJB1TrI

Arbeitsaufträge:
Bitte sehen Sie sich das Video an und beantworten Sie folgende Fragen dazu:

1. Versuchen sie den Inhalt dieses Videos so zusammenzufassen, dass Sie Ihren Mitschülerinnen und Mitschülern in max. 5 Minuten erklären können, worum es darin geht.
2. Was ist das Unheimliche an der Vorstellung, dass wir alle auch nur ein »Gehirn im Tank« sein könnten? Ist der Gedanke unheimlich, dass wir auf diese Weise unendlich manipulierbar (= beliebig beeinflussbar) wären? Oder ist es eher das Bild eines abwesenden Körpers, das uns dieses Szenario gruselig erscheinen lässt? Oder hat die unheimliche Wirkung dieses Bildes eine ganz andere Ursache?
3. Noch vor Kurzem war die Vorstellung eines manipulierbaren Gehirns eine unserer unheimlichsten Visionen. Mittlerweile ist selbst die prinzipielle Veränderbarkeit genetischer Informationen Teil unserer alltäglichen Vorstellungswelt geworden (dass diese ihren unheimlichen Beigeschmack nicht verloren hat, merken wir vor allem daran, dass fast alle Menschen vorzugsweise zu Lebensmitteln greifen, die nicht genetisch verändert wurden). Mit der Zugänglichkeit digitaler Welten für jedermann sind noch einmal ganz neue, auch unheimliche Visionen in die Welt gekommen. Wenn Sie an den Einfluss von Handys, Social Media etc. denken, was wäre für Sie in diesem Zusammenhang ein wahrhaft unheimliches Szenario? Versuchen Sie dieses in ein paar Sätzen zu beschreiben, so dass Sie es Ihren Mitschülerinnen und Mitschülern dann vorlesen können.

Gruppe 3: Bildanalyse

Als Grundlage Ihrer Arbeit dient folgende Fotografie:

Foto: Michael Gaida / Pixabay

Arbeitsaufträge:

1. Betrachten Sie das Foto in aller Ruhe und tauschen Sie sich innerhalb der Gruppe aus: Was sind Ihre ersten Assoziationen bei der Betrachtung dieses Bildes?
2. Weshalb kann dieses Bild unheimlich auf uns wirken? Welche Aspekte sind es, die diesen Eindruck bei uns auslösen?
3. Wenn Sie selbst das Bild gemalt und es noch deutlicher als unheimlich hätten ausweisen wollen, was hätten Sie daran geändert?
4. Könnte dieses Bild eine Episode im *Schimmelreiter* illustrieren? Falls ja, welche? Versuchen Sie sich eine Episode, die sich hier abspielen könnte, in allen Details auszumalen.
5. Weshalb ist uns das Unheimliche nicht unbedingt unangenehm? Weshalb gruseln wir uns manchmal gerne?

Versuchen sie Ihre Antworten so zu bündeln, dass Sie Ihren Mitschülerinnen und Mitschülern in max. 5 Minuten erklären können, was Sie in Ihrer Gruppe erarbeitet haben.

ARBEITSBLATT 6b

Novellendefinition 1:

Volker Meid, *Sachwörterbuch zur deutschen Literatur*

»**Novelle**, Prosa- oder (selten) Verserzählung von mittlerem Umfang, die sich durch straffe Handlungsführung, formale Geschlossenheit und thematische Konzentration auszeichnet. Gegenstand des Erzählens ist nach der Definition Goethes ›eine sich ereignete unerhörte Begebenheit‹, eine Begebenheit also, die einen gewissen Anspruch auf Wahrheit erhebt und von etwas Neuem oder Außergewöhnlichem erzählt. Zu den zahlreichen Versuchen, die Novellenform näher zu charakterisieren, gehören die Hinweise auf die Zuspitzung des Erzählens auf einen ›Wendepunkt‹ hin (und damit auf einen dem Drama verwandten Aufbau) und auf die Strukturierung durch ein sprachliches Leitmotiv oder durch ein Dingsymbol (Paul Heyse u.a.). Häufig werden Novellen zu Zyklen verbunden bzw. in Rahmenerzählungen eingebettet.

Die Gattungsgeschichte der europäischen Novelle geht von Boccaccios *Decamerone* (um 1350) aus, einer durch eine Rahmenhandlung verknüpften Sammlung von 100 Erzählungen (›Geschichten, Fabeln, Parabeln oder wirkliche Begebenheiten, wie wir sie nennen wollen‹). Die Konzeption des *Decamerone* wurde für Jahrhunderte Vorbild der europäischen Novellendichtung. Dabei ist in der Vielfalt erzählerischer Kurzformen bei Boccaccio bereits die Mehrdeutigkeit des Novellenbegriffs angelegt. […]

Neue Ausdrucksmöglichkeiten gewann die Novelle in der Romantik durch die Integration märchenhafter, phantastischer und dämonischer Elemente (Ludwig Tieck, Achim v. Arnim, Clemens Brentano, Friedrich de la Motte Fouqué, E. T. A. Hoffmann, Adelbert v. Chamisso, Joseph v. Eichendorff).

Nach der Novellistik der Biedermeierzeit (Annette v. Droste-Hülshoff, Jeremias Gotthelf, Franz Grillparzer, Eduard Mörike, Adalbert Stifter) erreichte die deutsche Novelle im Realismus ihren künstlerischen Höhepunkt (Keller, Theodor Storm, Conrad Ferdinand Meyer).«

Sachwörterbuch zur deutschen Literatur. Von Volker Meid. Stuttgart: Reclam, [2]2001. S. 374 f. [Abkürzungen aufgelöst.]

Arbeitsaufträge:
Diese Definition stammt aus einem gängigen Lexikon, das versucht den Begriff der »Novelle« zu skizzieren. Zusätzlich dazu können Sie noch die Wikipedia-Definition des Wortes »Novelle« heranziehen, um dann folgende Fragen zu beantworten:

1. Wie würden Sie Ihren Kolleginnen und Kollegen erklären, was eine Novelle ist? Welche Teile bzw. Aspekte der Definitionen ziehen Sie dafür heran?
2. Welche Überlegungen würden Sie anstellen, wenn Sie eine Novelle schreiben möchten?

Novellendefinition 2:

Ulrike Draesner, *Grammatik der Gespenster*

1.

»Geister wohnen an Grenzen. Das weiß jedes Kind.

Geister selbst sind Grenzen. Grenzen zwischen Bewohntem und Unbewohnbarem, zwischen Körperlichkeit und Immaterialität, Fleisch und Geist (Äther), zwischen früher und jetzt, Enden und Beginnen, zwischen einer Welt, die ein Ende hat, und jener, von der wir nicht aufhören wollen, sie uns ohne Ende vorzustellen.«

2.

»Wir lesen, um in Räume zu sehen, die wir nicht sehen können; um Geistern zu begegnen, die wir nicht oder nur halb riefen, die ein anderer uns (ver)spricht. […]

Die Novelle ist ein begrenzter Raum, in dem sich ein Ding als Unerhörtheit ständig verändert, wobei der Anfang des Textes, wie im Roman, ohne Wissen um das Ende nicht schreibbar ist.«

3.

»Die Novelle selbst ist Zeichen und Ausdruck eines Übergangs; die Gattung der Gespenster par excellence – von ihren Ursprüngen in mittelalterlichen Heiligenviten über die Wundernachrichten der Flugblätter des 15. Jahrhunderts und, ja, von Boccaccios *Decameron* bis zu meiner Lieblingsgespenstergeschichte *The Turn of the Screw* von Henry James. Schon Nachbarliteraturen wie die britische legen weniger Nachdruck auf den unerhörten, doch realmöglichen Vorfall. Man unterscheidet short stories, novellettes, novellas und novels nach der Anzahl der Wörter, bewegt sich inhaltlich vorwiegend ins Fantastische, frei Gespenstische. Wir indes pflegen sie, die mit dem Tod verbundene Begebenheit, erzählt zum Wohl eines Ichs, das sich seines kollektiven Körpers wenigstens als Teil einer Nachrichtengemeinschaft erinnert.

Wer wir?«

Ulrike Draesner: Grammatik der Gespenster. Frankfurter Poetikvorlesungen. Stuttgart: Reclam, 2018. S. 10, 37, 15 f.

Arbeitsaufträge:
Diese Textauszüge stammen aus den Vorlesungen, die eine Schriftstellerin vor einigen Jahren gehalten hat. Thema dieser Vorlesungsreihe waren unterschiedliche literarische Textsorten (Novelle, Essay, Roman etc.) und deren spezifische Eigenschaften. Aus der Sicht einer Schriftstellerin sieht die Definition der Novelle ganz anders aus als etwa in einem Lexikon. Lesen Sie sich die einzelnen Zitate durch und versuchen Sie die dazu formulierten Fragen zu beantworten. Es wird Ihnen helfen, wenn Sie sich für diese Übung so weit als möglich von der Vorstellung einer Begriffsdefinition, wie sie im Lexikon steht, lösen und sich ganz auf diese unkonventionellen Beschreibungen einlassen, die hier vorgegeben sind.

1. Zu Zitat 1:
a) Inwiefern könnte man den Schimmelreiter als eine Grenzerzählung beschreiben?
b) Welche Grenzen (im wörtlichen wie im übertragenen Sinne) fallen Ihnen ein, die in diesem Text eine Rolle spielen?

2. Zu Zitat 2:
a) Wenn Sie sich die Novelle als einen Raum vorstellen, den Sie betreten haben und der von »Geistern« bevölkert ist – welche dieser Begegnungen hat Sie persönlich besonders beeindruckt? Welche Episoden oder Handlungsstränge sind Ihnen in Erinnerung geblieben und warum?
b) Ulrike Draesner schreibt, die Novelle sei ein »begrenzter Raum, in dem sich ein Ding als Unerhörtheit ständig verändert«. Welches »Ding« ist es, das sich in dieser Novelle »ständig verändert«? Was ist der unerhörte Kern, um den diese ganze Erzählung kreist?

3. Zu Zitat 3:
a) Die Novelle wird hier als die »Gattung der Gespenster« beschrieben, als eine Geschichte, die einen »unerhörten, doch realmöglichen Vorfall« schildert. Wenn Sie diese Beschreibung auf den *Schimmelreiter* anzuwenden versuchen, inwiefern könnte sie dann zutreffend sein? In welcher Weise begegnen sich in dieser Novelle das ›Unerhörte‹ und das ›Realmögliche‹ aus Ihrer Sicht?
b) Der letzte Satz der zitierten Passage weist darauf hin, dass solche Geschichten, in denen Gespenster vorkommen, immer eng mit der Erinnerung verbunden sind. Eigentlich sind diese Geschichten Teil unserer Erinnerung, oft sind sie auch ein wichtiger Teil der kollektiven, also gemeinsamen Identität einer Familie, einer Dorfgemeinschaft oder einer anderen Gruppierung. Können Sie sich an eine Geschichte erinnern, die für die Zeit, in der Sie aufgewachsen sind, zu einer wichtigen Geschichte geworden ist? Es muss sich nicht um eine Sage handeln, es kann auch ein politisches Ereignis, ein tragischer Vorfall oder die Geschichte eines großen Glücksfalls sein. In welcher Weise wirkt eine solche Geschichte Ihrer Meinung nach auf die Gesellschaft?

›Wiedergänger‹-Erzählungen

Arbeitsauftrag:

Der Schimmelreiter ist das zentrale Motiv der Novelle, die ja mit der Nacherzählung von Hauke Haiens Leben durch den Schulmeister das Zustandekommen dieser Legende nachvollzieht. Hauke Haien, ein Mann, der (unwillentlich) große Schuld auf sich geladen hat, findet im Tod nicht zur Ruhe und kehrt nun immer wieder, um die Menschen, die er zu Lebzeiten nicht schützen konnte, vor weiteren Katastrophen zu warnen. Theodor Storm hat dieses ›Wiedergänger‹-Motiv des Schimmelreiters aus einer anderen Geschichte übernommen, die den Titel *Vom Schimmel auf Langlütjensand* (vgl. Swantje Ehlers, *Lektüreschlüssel XL. Theodor Storm: Der Schimmelreiter*, Stuttgart 2017, S. 55) trägt. Geschichten von sogenannten ›Wiedergängern‹, wie nun ausgerechnet der rational denkende Hauke Haien einer geworden sein soll, gibt es viele, ältere und auch neuere.

Versuchen Sie mindestens eine Geschichte aus älteren und eine aus jüngeren Zeiten zu finden (Bücher, Comics, Videos, Spiele), die das Motiv eines ›Wiedergängers‹ oder einer ›Wiedergängerin‹ aufgreifen, und versuchen Sie ein paar Unterschiede zum *Schimmelreiter* herauszuarbeiten. Die folgende Tabelle kann Ihnen dabei als Unterstützung dienen. Sie umfasst folgende Dimensionen:

- **Inhalt:** Fassen Sie den Inhalt der jeweiligen Geschichte kurz zusammen, nach Möglichkeit so, dass die Geschichte des Wiedergängers oder der Wiedergängerin besonders deutlich herausgearbeitet wird.
- **Leitmotiv:** in Theodor Storms Novelle ist das Leitmotiv ein Schimmel mit gespensterhaftem Reiter, der immer dann auftaucht, wenn ein Dammbruch oder eine Flutkatastrophe bevorstehen. Welches Leitmotiv ist in ihrer Geschichte von zentraler Bedeutung?
- **Grenze:** Der Ort, an dem das Pferdegerippe liegt, das bei bevorstehenden Katastrophen wieder zum Leben erwacht, markiert den Übergang zwischen Meer und Festland. Wiedergängerinnen und Wiedergänger brauchen erzähltechnisch gesehen meist eine Grenze, einen Übergangsort, um in Erscheinung treten zu können. Welche Schwelle dient in Ihrer Geschichte als Ort des Erscheinens?
- **Tradierung/Überlieferung:** Was wissen Sie über den Hintergrund der Geschichte, die Sie ausgewählt haben? Geht sie auf eine Legende, Sage, vielleicht ein Märchen zurück? Wurde sie mündlich oder hauptsächlich schriftlich überliefert? Aus welcher Zeit stammen die Ursprünge der Geschichte bzw. diese selbst?

ARBEITSBLATT 6d (Seite 2 von 2)

Inhalt / Zusammenfassung	Leitmotiv	Grenze	Tradierung / Überlieferung	Zeitraum der Entstehung	Modus / Medium
	(z. B.: Schimmelreiter)	(z. B.: Meer/Festland; Traum/Wirklichkeit; zivilisierte Welt/Natur)	(z. B.: mündlich, schriftlich, frei erfunden, auf realen Ereignissen basierend)		

ARBEITSBLATT 6e (Seite 1 von 3)

Unheimliche Motive

Bitte lesen Sie die unten aufgelisteten Textstellen nochmals genau. Es handelt sich um Passagen, die unheimliche Motive in den *Schimmelreiter* einbringen oder aufgreifen und auf diese Weise für den Text insgesamt sehr bedeutsam sind. Bearbeiten Sie bitte einen der Arbeitsaufträge.

Arbeitsauftrag 1:

Textausschnitt: *Schimmelreiter*, Reclam XL, S. 78, Z. 18 – S. 81, Z. 3

In diesem Abschnitt geht es um die geisterhafte Erscheinung des Pferdegerippes, wobei die Beobachtung dieses Vorgehens als zweifelhaft beschrieben wird. Carsten und Iven, die Hauptfiguren dieser Szene, sind von den Vorgängen zutiefst erschüttert, weil sie die Ordnung der ihnen bekannten Welt infrage stellen. Das Unheimliche, dem die beiden jungen Männer hier begegnen, berührt an dieser Stelle auch in besonderem Maße uns als Leserinnen und Leser. Das liegt unter anderem an der ungewöhnlichen Erzählhaltung, die hier zum Einsatz kommt. Das folgende Zitat stammt aus oben erwähnter Textstelle und ist in diesem Zusammenhang besonders aussagekräftig. Versuchen Sie bitte festzustellen, ob man hier überhaupt eine Erzählstimme ausmachen kann, und beschreiben Sie in wenigen Sätzen, weshalb von dieser Stelle eine besonders unheimliche Wirkung ausgeht:

> »Drüben aber war es, als hebe, was dorten ging, den Hals, und recke gegen das Festland hin den Kopf. Sie sahen es nicht mehr; sie gingen schon den Deich hinab […]« (79,6–9)

Arbeitsauftrag 2:

Textausschnitt: *Schimmelreiter*, Reclam XL, S. 85, Z. 25 – S. 87, Z. 30

Hier wird die Geschichte vom Pferdegerippe, das nicht mehr auf Jeverssand liegt, wo es immer lag, zum ersten Mal mit Hauke Haiens neu erworbenem Schimmel in Verbindung gebracht. Betrachten Sie den Wortschatz, der in diesem Abschnitt zum Einsatz kommt: Welche Begriffe fallen Ihnen auf?
Wählen Sie drei der Begriffe aus und versuchen Sie nun diese in eine ganz kurze Geschichte (max. 10 Zeilen) einzubauen.

* Arbeitsauftrag 3:

Textausschnitt: *Schimmelreiter*, Reclam XL, S. 118, Z. 24 – S. 121, Z. 20

Geschichten von Wasserweibern und Nixen gibt es zahlreiche und viele von ihnen charakterisieren diese Frauen ähnlich. Die bekannte Schriftstellerin Ingeborg Bachmann hat sich dieses Stoffes in einer Erzählung angenommen, in der Undine selbst sprechen darf. Lesen Sie nun den folgenden Textauszug, eine Passage aus Ingeborg Bachmanns Erzählung *Undine geht* (1961), aufmerksam durch:

»Ihr Menschen! Ihr Ungeheuer!

Ihr Ungeheuer mit Namen Hans! Mit diesem Namen, den ich nie vergessen kann. Immer wenn ich durch die Lichtung kam und die Zweige sich öffneten, wenn die Ruten mir das Wasser von den Armen schlugen, die Blätter mir die Tropfen von den Haaren leckten, traf ich auf einen, der Hans hieß.

Ja, diese Logik habe ich gelernt, dass einer Hans heißen muss, dass ihr alle so heißt, einer wie der andere, aber doch nur einer. Immer einer nur ist es, der diesen Namen trägt, den ich nicht vergessen kann, und wenn ich euch auch alle vergesse, ganz und gar vergesse, wie ich euch ganz geliebt habe. Und wenn eure Küsse und euer Samen von den vielen großen Wassern – Regen, Flüssen, Meeren – längst abgewaschen und fortgeschwemmt sind, dann ist doch der Name noch da, der sich fortpflanzt unter Wasser, weil ich nicht aufhören kann, ihn zu rufen, Hans, Hans …

Ihr Monstren mit den festen und unruhigen Händen, mit den kurzen blassen Nägeln, den zerschürften Nägeln mit schwarzen Rändern, den weißen Manschetten um die Handgelenke, den ausgefransten Pullovern, den uniformen grauen Anzügen, den groben Lederjacken und den losen Sommerhemden! Aber lasst mich genau sein, ihr Ungeheuer, und euch jetzt einmal verächtlich machen, denn ich werde nicht wiederkommen, euren Winken nicht mehr folgen, keiner Einladung zu einem Glas Wein, zu einer Reise, zu einem Theaterbesuch. Ich werde nie wiederkommen, nie wieder Ja sagen und Du und Ja. All diese Worte wird es nicht mehr geben, und ich sage euch vielleicht, warum. Denn ihr kennt doch die Fragen, und sie beginnen alle mit ›Warum?‹ Es gibt keine Fragen in meinem Leben. Ich liebe das Wasser, seine dichte Durchsichtigkeit, das Grün im Wasser und die sprachlosen Geschöpfe (und so sprachlos bin auch ich bald!), mein Haar unter ihnen, in ihm, dem gerechten Wasser, dem gleichgültigen Spiegel, der es mir verbietet, euch anders zu sehen. Die nasse Grenze zwischen mir und mir …

Ich habe keine Kinder von euch, weil ich keine Fragen gekannt habe, keine Forderung, keine Vorsicht, Absicht, keine Zukunft und nicht wusste, wie man Platz nimmt in einem anderen Leben. Ich habe keinen Unterhalt gebraucht, keine Beteuerung und Versicherung, nur Luft, Nachtluft, Küstenluft, Grenzluft, um immer wieder Atem holen zu können für neue Worte, neue Küsse, für ein unaufhörliches Geständnis: Ja. Ja. Wenn das Geständnis abgelegt war, war ich verurteilt zu lieben; wenn ich eines Tages freikam aus der Liebe, musste ich zurück ins Wasser gehen, in dieses Element, in dem niemand sich ein Nest baut, sich ein Dach aufzieht über Balken, sich bedeckt mit einer Plane. Nirgendwo sein, nirgendwo bleiben. Tauchen, ruhen, sich ohne Aufwand von Kraft bewegen – und eines Tages sich besinnen, wieder auftauchen, durch eine Lichtung gehen, ihn sehen und ›Hans‹ sagen. Mit dem Anfang beginnen.

›Guten Abend.‹

›Guten Abend.‹

›Wie weit ist es zu dir?‹

›Weit ist es, weit.‹

›Und weit ist es zu mir.‹ […]

Einen Fehler immer wiederholen, den einen machen, mit dem man ausgezeichnet ist. Und was hilft's dann, mit allen Wassern gewaschen zu sein, mit den Wassern der Donau und des Rheins, mit denen des Tibers und des Nils, den hellen Wassern der Eismeere, den tintigen Wassern der Hochsee und der zauberischen Tümpel? Die heftigen Menschenfrauen schärfen ihre Zungen und blitzen mit den Augen, die sanften Menschenfrauen lassen still ein paar Tränen laufen, die tun auch ihr Werk. Aber die Männer schweigen dazu. Fahren ihren Frauen, ihren Kindern treulich übers Haar, schlagen die Zeitung auf, sehen die Rechnungen durch oder drehen das Radio laut auf und hören doch darüber den Muschelton, die Windfanfare, und dann noch einmal, später, wenn es dunkel ist in den Häusern, erheben sie sich heimlich, öffnen die Tür, lauschen den Gang hinunter, in den Garten, die Alleen hinunter, und nun hören sie es ganz deutlich: Den Schmerzton, den Ruf von weither, die geisterhafte Musik. Komm! Komm! Nur einmal komm!«

Ingeborg Bachmann: Undine geht. In: I. B.: Gedichte, Erzählungen, Hörspiel, Essays. München/Zürich: Piper, 1992. S. 182–192, hier S. 182–184.

- Welche Attribute würden Sie verwenden, um Undine zu beschreiben? Welche Rolle oder Funktion erfüllt diese Figur in der Geschichte?
- Wenn Sie die beiden Erzählungen, also jene der Trien' Jans im *Schimmelreiter* und die Ich-Erzählung der Undine bei Ingeborg Bachmann, miteinander vergleichen, was fällt Ihnen auf? Gibt es Ähnlichkeiten/Unterschiede zwischen dem Unglück dieser beiden Frauengestalten?

7 Klausurvorschlag mit Lösungshinweisen: Interpretation eines literarischen Textes

Textgrundlage:

Der Schimmelreiter, Reclam XL, S. 83, Z. 17 – S. 87, Z. 30

Klausuraufgabe:

Unterziehen Sie oben genannte Textpassage einer umfassenden Betrachtung, indem Sie

1. Ihren subjektiven Eindruck der Textstelle beschreiben;
2. die erzählerische Gestaltung skizzieren (Charakterisierung der Erzählinstanz; Einbettung der Erzählung in die drei Erzählrahmen der Novelle);
3. die Herkunft des Motivs des Schimmelreiters erläutern und diese in einen Zusammenhang mit der vorliegenden Textstelle setzen;
4. die Rolle von Glaube/Aberglaube und Ratio/unheimlichen Effekten für diese Textstelle (im Kontext der gesamten Novelle) darlegen;
5. eine resümierende Bedeutung dieser Textpassage formulieren;
6. ein persönliches Fazit über die Auseinandersetzung mit der Novelle ziehen: Welche Aspekte scheinen Ihnen aus heutiger Perspektive besonders bedeutsam zu sein?

Mögliches Bewertungsraster zur Klausur Anforderungen inhaltliche Leistung	Max. Punkte: 60
Einleitung: • Die Schülerin / der Schüler setzt individuelle Schwerpunkte der Betrachtung fest (z. B. Motivik, das Unheimliche, Aberglaube/Ratio), die Momente einer intuitiven Interpretation enthalten und später für die Analyse als Eckpfeiler des Zugangs zum Text fungieren können.	4
Erzählrahmen und Erzählweise: • Nennung und kurze Charakterisierung der drei Erzählrahmen und v. a. der Erzählinstanz, die diese Textstelle schildert (Schulmeister); die Erzählinstanz, die hier spricht, ist an dieser Stelle ungewöhnlich zurückhaltend in der Beurteilung des Geschehens.	6
Erzählweise: • trägt Züge des Realismus; übersteigt den Rahmen realistischen Erzählens durch bildhafte Ausgestaltung der Erzählung über das unheimliche Geschehen (Beschreibung des Pferdeverkäufers; ›Teufelspakt‹; Charakterisierung des Pferdes; Verschwinden des Gerippes etc.) • häufiger Einschub direkter Rede, d. h. ›Entlastung‹ für die Erzählinstanz; größere Unmittelbarkeit für die Rezipierenden	6
Herkunft des Motivs: • Verweis auf die Sage *Der gespenstige Reiter* • warnender Charakter der Sage und damit Verbindung zu drohendem Unheil • hier: Vorbereitung der Wendung, die Hauke Haien letztlich selbst zum Schimmelreiter werden lässt • irrationales Denken greift hier auf Hauke über (vgl. Beziehung zu Pferd und Verkäufer), gleichzeitig Erfolg (Dammbau wird genehmigt) und Moment der Selbstüberschätzung • Episode ›Pferdegerippe auf Jeverssand‹: Althergebrachtes (Sage) und Neues (Deichbau, Hauke Haien) werden motivisch enggeführt	8

Glaube/Aberglaube: • auch bei Hauke Haien Aberglaube, zumindest Vorurteile erkennbar (Szene des Pferdekaufs) • Motiv der Selbstüberschätzung (eines überhöhten Glaubens an die eigenen Fähigkeiten) bei Hauke erkennbar (nur er kann das Tier zähmen) • Personifizierung des Pferdes (»schüttelte den Kopf«, 85,25) • alte Geschichte scheint sich zu bewahrheiten, Aberglaube in der Diegese bestätigt (Pferdegerippe verschwindet), Zweifel bleiben für Rezipierende erhalten • Präsenz des Teufelsmotivs, Kehrseite der Gläubigkeit der Dorfbewohner, Gott und Teufel als starke Gegenspieler des aufklärerischen Hauke Haien • Nähe zwischen Vorurteil, Aberglaube und Glaube wird erkennbar	10
Unheimliches: • Unberechenbarkeit (des Pferdes) und Ungewissheit der Herkunft von Verkäufer und Pferd als Faktoren, die den Eindruck des Unheimlichen auslösen, Zusammenhang von unheimlich und fremd bzw. neuartig (vgl. Jentsch) • Unheimliches als das ›Altvertraute‹, das im Verborgenen bleiben sollte (siehe Freud); Geschichte vom Gerippe auf Jeverssand, die plötzlich wieder präsent ist • Erwähnung des »behagliche[n] Gruseln[s]« (87,57) im Text • Erzählinstanz lässt Leserinnen und Leser allein, insofern sie nicht kommentiert und wertet (auch: viele direkte Reden), d. h. Orientierung im Geschehen geht verloren; unheimlicher Effekt für Rezipierende • Kategorien nicht mehr klar zuordenbar: Hauke Haien zeigt irrationale Züge, einer der Knechte redet von »Altemweiberglauben« (87,11); daraus resultiert weitere Verunsicherung • Unheimliches als existenzielle Kategorie; Begriffe, die mit Leben und Tod zu tun haben, häufen sich	10
Resümierende Bedeutung: • Textstelle als Zäsur im Text: Hauke Haien verändert sich (endgültige Distanzierung von den Dorfbewohnern und umgekehrt) • Sphären des Rationalen und Irrationalen rücken näher zusammen • Hauke Haien wird als zukünftiger Schimmelreiter erahnbar, d. h. Hauptmotive ab hier klar erkennbar • Frage, was man überhaupt wissen kann, wird virulent • Das Unberechenbare kommt stärker in den Text • Novelle als ›unerhörte Begebenheit‹ nimmt hier ihren Ausgangspunkt • Gerede über Hauke Haien und das Misstrauen ihm gegenüber nehmen zu • Frage nach Schuld oder Schicksal stellt sich an dieser Stelle erstmals (später deutlicher); ist der Pferdekauf schicksalhaft? Ist die Selbstüberschätzung Hauke Haiens Schuld? • zentrale Elemente der Novelle hier präsent	10
Persönliches Fazit: Als Antworten vorstellbar wären beispielsweise • Konflikt zwischen einem Denken, das auf Tradition basiert, und einem, das sich tendenziell gegen diese richtet • Frage nach Schuld oder Schicksalshaftigkeit in einem Menschenleben • Vermittlung eines Geschehens über mehrere Instanzen hinweg (ist Wahrheit jemals unmittelbar zugänglich?)	6
Die in dieser Tabelle enthaltenen Antworten sind keinesfalls erschöpfend, weitere hier nicht genannte können durchaus Gültigkeit haben. Literatur ist mehrdeutig, der hermeneutische Deutungsprozess unerschöpflich, das muss auch bei Klausuren auf diesem Gebiet immer berücksichtigt werden.	

Lösungshinweise zu den Arbeitsblättern

Lösungshinweise zum ARBEITSBLATT 2a (➤ S. 23)

	Sehen	Hören	Einprägsame Formulierungen
Schimmelreiter	• »Dann sah ich sie fern und ferner vor mir; dann war's als säh ich […]« • »Das Wasser war, trotz des schützenden Deiches, auffallend unbewegt;« • »ich sah nichts weiter von ihm«	• »keinen Hufschlag, kein Keuchen« • »und die Erscheinung war […] lautlos an mir vorübergestoben«	• »Wer war das? Was wollte der?« • »[…] ich hatte keinen Hufschlag, kein Keuchen des Pferdes vernommen;« • »mir war, als streifte mich der fliegende Mantel« • »Dann sah ich sie fern und ferner vor mir; dann war's, als säh ich plötzlich ihren Schatten an der Binnenseite des Deiches hinuntergehen.«
Der gespenstige Reiter	• »Dunkler und dunkler wurde es rings um mich« • »daß dieses unbegreifliche Wesen mir plötzlich und pfeilschnell vorüber zu sausen schien« • »[…] es fehlte nicht viel, so wären wir beide den Damm, ohne es zu wollen, hinabgestürzt.«	• »dicht hinter mir das rasche Trappeln eines Pferdes« • »wohl aber trabt es immer schärfer und näher« • »als ich ihn aber plötzlich wieder, ohne ihn zu sehen, vor mir hersprengen hörte«	• »Dunkler und dunkler wurde es rings um mich« • »in schwarze Schatten gehüllte Gegend« • »kein menschliches Wesen erblickte ich« • »und sehe – nichts –« • »wohl aber trabt es immer schärfer und näher« • »die anscheinende Gestalt eines weißen Pferdes, mit einem schwarzen, menschenähnlichen Gebilde darauf sitzend«

Erläuterungen. Die angegebenen Zitate sind nur beispielhaft, es ist anzunehmen, dass unterschiedliche Lerngruppen ganz andere Zitate in die Tabelle eintragen werden – das ist in jedem Fall genauso gut und wird in manchen Punkten zu ähnlichen Ergebnissen führen. An dieser Tabelle lässt sich gut erkennen, dass Storm die äußerst plastisch und eindringlich geschilderte Gespenstergeschichte, die stark auf den Effekt setzt, den die Schilderung unheimlicher Sinneseindrücke auf die Leserschaft machen, sehr viel nüchterner erzählt. Während der gespenstige Reiter trotz der Dunkelheit ein »unbegreifliche[s] Wesen« ausmachen kann, wird der Schimmelreiter bei Storm nicht unmittelbar visuell wahrgenommen. Formulierungen wie »mir war, als« oder »dann war's, als säh ich« lassen die Begegnung wesentlich stärker als eine Erfahrung des Protagonisten erscheinen, der sich unter Umständen auch getäuscht haben kann. Ganz in diese Richtung weist auch der im *Gespenstigen Reiter* sehr drastisch formulierte Schluss der Begegnungsepisode: »[…] es fehlte nicht viel, so wären wir beide den Damm, ohne es zu wollen, hinabgestürzt«. Theodor Storm verändert diese Stelle wesentlich und lässt seinen Protagonisten eine ungewöhnliche Entdeckung machen: Das Wasser sei auffallend unbewegt (zur Unklarheit in Formulierung siehe Hans Wagener, *Erläuterungen und Dokumente. Theodor Storm: Der Schimmelreiter*, Stuttgart 2001, S. 7), das passe nicht zu dem Eindruck, dass es der Reiter aufgewühlt haben müsse. Nun könnte diese Formulierung einerseits der ›Gespensterhaftigkeit‹ des Reiters und seines Pferdes geschuldet sein, die als Geister eben keine Spuren hinterlassen. Der Satz lässt sich aber auch als ein weiteres Indiz dafür lesen, dass der Protagonist die Begegnung womöglich als eine Art Sinnestäuschung erlebt hat, dass ihm also das, was er vermeint zu sehen und zu hören, nie in der Weise widerfahren ist. Die Abschwächungen in Relation zur ursprünglichen Geschichte, die Storm hier vornimmt, lassen einen anderen Gesamteindruck entstehen – der Zweifel an dem, was hier tatsächlich passiert oder passiert sein könnte, bleibt bestehen und wird nicht zu Gunsten eines sicheren, weil eindrucksvoll geschilderten Erlebens des Gespenstischen aufgelöst.

Wesentlich ist, dass die Schülerinnen und Schüler erkennen, dass derlei Veränderungen willkürlich gesetzte erzählerische Entscheidungen sind, die rezeptionsseitig eine deutlich andere Wirkung entfalten.

Lösungshinweise zu ARBEITSBLATT 4c (➤ S. 46)

Arbeitsauftrag 1:
Mögliche Zuordnungen sind:

Schimmelreiter, Reclam XL, S. 11, Z. 1–35	**Schicksal** bzw. Begabung des Protagonisten; hier wird Hauke Haiens Weg als ein von Anfang an vorgezeichneter erkennbar
S. 13, Z. 20–33	**Schuld:** der Satz »Ihr könnt nichts Rechtes […] so wie die Menschen auch nichts können!« verweist auf eine gewisse Arroganz, die sich in Hauke Haien später noch stärker erkennen lässt und ihn von der Gemeinschaft absondert. Dieses Verhalten ließe sich als ein schuldhaftes begreifen
S. 17, Z. 16 – S. 19, Z. 13	**Schuld:** Hauke Haiens Hang zu aggressivem Verhalten und der ungezügelte Ausbruch lassen ihn hier zum Schuldigen werden
S. 96, Z. 5 – S. 97, Z. 5	Textstelle ist **ambivalent**; zunächst wird Haukes Hochmut seinen Mitmenschen gegenüber betont, das ließe sich als ein schuldhaftes Verhalten interpretieren; danach aber ist von Gott die Rede, das betont einmal mehr die **Schicksalshaftigkeit** des Geschehens
S. 105, Z. 15 – S. 107, Z. 7	hier wird der Versuch Hauke Haiens geschildert, **keine Schuld** auf sich zu laden, v. a. Z. 33; der Aberglaube der Bevölkerung, die überzeugt davon ist, das Schicksal durch ein Opfer bestechen zu können, wird hier von seiner brutalen Seite gezeigt
S. 122, Z. 10 – S. 124, Z. 4	**ambivalente, zentrale Szene**, in der die schicksalhafte Erkrankung beschrieben wird, aber auch die Schuld, die er durch die Abschwächung bzw. Ignoranz seinen berechtigten Befürchtungen gegenüber auf sich lädt
S, 126, Z. 29 – S. 127, Z. 24	**Schuld**; hier wird deutlich, dass Hauke Haien sich vom schönen Anschein, den der Deich ihm an diesem Tag bietet, gerne überzeugen lässt, weil er für etwas anderes zu geschwächt ist; obwohl seine Schwäche nachvollziehbar ist, lädt er hier Schuld auf sich
S. 140, Z. 8–35	Hauke Haien wird hier zunächst von außen mit **Schuld** beladen, dann aber bricht das Gefühl, dass die Anklage berechtigt sei, sich mit voller Wucht in seinem Inneren Bahn; die Selbstanklage und das daraus resultierende Grauen stehen hier im Vordergrund
S. 142, Z. 6–26	der Begriff der »Sündflut« (142,6 f.) weist auf die uralte Vorstellung einer **Verbindung zwischen Schuld und Schicksalhaftigkeit** hin; die apokalyptische Szene lässt die Last der Schuldhaftigkeit für Hauke Haien erahnen